新型城镇化进程中企业创新投资影响研究

王 栋 著

哈尔滨出版社

HARBIN PUBLISHING HOUSE

图书在版编目（CIP）数据

新型城镇化进程中企业创新投资影响研究／王栋著
. -- 哈尔滨：哈尔滨出版社，2025. 1
ISBN 978-7-5484-7913-0

Ⅰ. ①新… Ⅱ. ①王… Ⅲ. ①城市化-关系-企业-
投资-研究-中国 Ⅳ. ①F299. 21②F279. 23

中国国家版本馆 CIP 数据核字（2024）第 102701 号

书　　名：**新型城镇化进程中企业创新投资影响研究**
XINXING CHENGZHENHUA JINCHENGZHONG QIYE CHUANGXIN TOUZI YINGXIANG YANJIU

作　　者：王 栋 著
责任编辑：李金秋

出版发行：哈尔滨出版社(Harbin Publishing House)
社　　址：哈尔滨市香坊区泰山路 82-9 号　邮编：150090
经　　销：全国新华书店
印　　刷：北京虎彩文化传播有限公司
网　　址：www. hrbcbs. com
E - mail：hrbcbs@ yeah. net
编辑版权热线：（0451）87900271　87900272
销售热线：（0451）87900202　87900203

开　　本：787mm×1092mm　1/16　印张：11　字数：181 千字
版　　次：2025 年 1 月第 1 版
印　　次：2025 年 1 月第 1 次印刷
书　　号：ISBN 978-7-5484-7913-0
定　　价：58. 00 元

凡购本社图书发现印装错误，请与本社印制部联系调换。
服务热线：（0451）87900279

前　言

　　新型城镇化进程中,城市经济逐步成为区域经济增长的主要载体。其中,吸引外商投资是促进城市经济发展的主要方式之一。企业创新投资是资本、技术、营销和管理的有机结合体,对于区域经济发展有巨大的推动作用。因此,吸引企业创新投资是促进城市经济发展的重要战略。然而,这在新型城镇化过程中会引起地方决策竞争,从而影响企业的创新投资决策。

　　本研究在单一制地方竞争的分析范式基础之上,建立双寡头的地方决策竞争与企业创新投资的规划模型。第一,分析新型城镇化过程中引起地方决策竞争的路径;第二,将中国的城市群分成三类,在不同的城市化阶段分析地方决策竞争与企业创新投资的三阶段动态关系,并运用二元选择和门槛的面板数据模型实证检验与计算三阶段动态关系转折点的门槛值;第三,从信息的完整性和企业决策者不同风险偏好态度视角分析创新投资企业的最优投资额度、投资地点选择、投资失败的识别和退出机制,以及如何避免地方决策竞争的产生和如何减少地方决策竞争造成的危害。

　　研究结果表明,第一,在新型城镇化过程中引起地方政府决策竞争的路径主要有三条:新型城镇化建设、区域经济发展、区域民生建设,并且地方竞争对企业创新投资的作用主要通过优惠政策、基础设施建设和资源禀赋进行。第二,地方决策竞争、企业创新投资及其增长速率的关系呈现为三个不同阶段,依据城市群的分类不同,其动态关系也不同。以第三产业为主、城市化率较高的城市群体中呈现正向凹函数、正向凸函数、负向凹函数的状态;以制造业为主、城市化率中等的城市群体中呈现正向凸函数、正向凹函数、负向凹函数的状态;以旅游和农牧业为主、城市化率较低的城市群体中呈现正向凹函数、正向凸函数、负向凹函数的状态。第三,从企业创新投资的最优投资额度而言,完全信息时只与市场需求函数有关,单边和双边信息不对称时与风险偏好和地方决策竞争程度相关;从企业创新投资的地点选择而言,地方决策竞争的程度与企业的最优投资额度、进取或保护性投资、溢出效应有直接的关系;从企业创新投资失败的识别和退出机制而言,不只是与决策者不同风险偏好有关,而且在完全信息时和市场出清的价格、单边信息不对称时的企业并购收益和股权、双边信息不对称时的地方补助程度有直接关系。第四,中央可以通过调节地方的政治收益函数、惩罚系数和溢出系数,以此来避免地方决策竞争的产生。通过调节地方的总体收益函数、预算约束、增加对进取性投资的补助和保护性投资的征税力度,以此来减少地方决策竞争造成的危害。

通过上述研究和分析,为企业的创新投资投向哪个地区、最优的投资金额、投资失败的识别和退出机制提供理论指导,并为中央制定措施避免地方决策竞争的产生以及减少地方决策竞争造成的危害提供现实指导意义。

目　　录

第一章 导　　论

1.1 研究背景

经济学家库茨涅兹和钱纳里认为,伴随着经济的增长社会结构也会出现一系列的转变,其中有两个非常瞩目的变化,一个是工业化,另一个就是城市化[1] (Kalashnikov、Curiel、Gonzalez,2012)。诺贝尔经济学奖的获得者斯蒂格利茨把"中国的城市化"与"美国的高科技"并列为影响 21 世纪人类发展进程的两个关键因素[2](Joseph E. Stiglits,2011)。可见中国的城市化对世界经济和整个人类的发展都产生了非常重要的影响。2013 年中国的中央城镇化会议提出了未来 20 年中国新型城镇化的发展规划,从城市化的空间、人口、经济和社会四个方面阐述了促进和完善新型城镇化发展的六大任务①。

随着城镇化进程的加快和中国经济增长方式的逐步转型,城市经济逐步成为经济增长的重要载体[3](刘传明等,2011),尤其是在新型城镇化进程中,促进城市经济发展对我国的经济发展有非常重要的现实意义[4](刘尚希和刘保军,2015)。新型城镇化进程中,促进城市经济发展的重要措施是吸引外商企业的投资[5][6] (Carlos、Eva,2016;Li et. al.,2016),而在外商企业投资中又以企业的创新投资对促进城市经济的增长和提高新型城镇化的建设质量最为重要[7](Ning,2016)。企业的创新投资是企业为了提升其自身的生产技术、产品设计以及企业管理而进行的创新性投资,是资本、技术、营销和管理的结合体,对于区域经济增长和技术进步有巨大的推动作用[8](John、Alexandru,2013),吸引外商企业创新投资成为中国

---

① 六大任务如下:(1)以推动大、中、小城市和小城镇协调发展,产业和城镇融合发展为机制,以建设中小型城市、发展城市群为主体,以完成解决农村人口城市落户为落脚点;(2)提高城市建设用地利用率;(3)严守农村耕地红线,确保粮食供应,保护园地、菜地等农业空间;(4)调整经济结构,优化区域产业形态,细化分工,改变经济增长方式,促进大中小城市和小城镇协同发展;(5)减少对自然的干扰和损害,集约利用土地、水、能源等资源;(6)要传承文化,发展有历史记忆、地域特色、民族特点的美丽城镇。

城市经济发展的重要战略之一。企业创新投资由企业内在需求与定位所决定,又是受外部环境刺激时所做出的各种对策反应,它依赖于诸多复杂因素及其的相互作用力,包括来源于宏观与微观层面的、外部环境与内部要素的交互作用[9](李梅芳,2010)。

在影响企业创新投资的决策因素中,来自宏观方面的地方政府之间的决策竞争对企业创新投资的影响十分明显[10](王栋等,2016)。在新型城镇化建设过程中,由于中央政府与地方政府的委托代理关系、地方政府晋升博弈的存在、各地区自然禀赋的差异和地方政府官员的"自利行为"与"短期行为"①,都引起了地方政府之间的决策竞争[11](陈谭、刘兴云,2012)。在地方政府决策竞争的影响下,区域的"内生资源"和地方政府的关系会影响政企的合作[12](Lyytikäinen,2012),通过政府之间的晋升博弈会影响企业的创新投资[13](Guo,2016),其中税收政策、财政补助和优惠政策是地方政府决策竞争的主要方式[14][15][16](Christopher V. Hawkins,2014;Rupayan、Ajay,2013;Dong Wang,2015)。地方政府决策竞争对企业创新投资产生重要的影响,首先,在新型城镇化建设过程中地方政府的决策竞争会阻碍新型城镇化的建设[17](李旭章,2013),导致招商引资竞争混乱,使得城市建设融资困难,无法为其提供足够的资本支持,严重影响了新型城镇化的建设[18](邱栎桦和伏润民,2015);其次,地方政府决策竞争会导致区域经济无法达到帕累托最优化,致使区域产业结构趋同、经济的波动频率变大[19][20](石明明等,2015;郭庆旺和赵旭杰,2012);再次,地方政府决策竞争会导致市场被严重分割,难以合理地优化产业结构和细化分工,无法促使大中城市和小城镇分工合理、功能互补、协同发展[21](李蔚,2010);最后,地方政府决策竞争会导致公共物品供给效率低下[22](苗妙,2014),"内卷化"②和"土地抛荒"③问题严重[16](Dong Wang,2015),影响新型城镇化的可持续发展。

---

① 短期行为:现在的城市化是不完全的城市化。城市当中针对农民工的社会保障制度、医疗保障制度、农民工子女入学教育保障制度的缺失,都会使农民工无法真正融入城市当中。无法融入城市当中导致农民工经营的"短期行为",什么赚钱干什么,什么好做做什么,有时会出现不正当的经营和不诚信的经营,没有长远的目标和前进的动力,无法更好地建设城市的基础设施。

② 内卷化:主要包括以下几个含义:①对城市不认可感,或者不被城市所认可,更多的情况是不被城市所认可;②对农村社会逐渐失去认可感,或者其生产生活方式越来越不被农村所接受,更多的是他们不认可农村的生产生活方式;③逐渐转向对自己群体的认可,或者被自己相同情况的群体所认可,在这点上认可与被认可同时存在。

③ 土地抛荒:是指土地具备耕种条件,但是承包经营耕地的单位或个人故意不进行耕种,致使土地荒芜。这是我国农业存在的重大问题,原因有农业收入低、农村人口进城、土地污染、基础设施薄弱、流转困难等。土地抛荒严重影响我国粮食安全,影响农业基础的稳定,应该从原因着手解决抛荒问题。

综上所述,在新型城镇化过程中由于官员的晋升博弈会引起地方政府的决策竞争,而地方政府决策竞争又对企业创新投资产生严重的影响[23](金福子、宫学文,2013),并且通过对企业创新投资的影响会进一步阻碍城市化进程的质量和经济增长。加之迟福林、匡贤明[24](2010)认为在新的经济发展阶段,怎样看待地方政府竞争、如何有效发挥地方政府作用,取决于其在发展方式转型中到底扮演什么角色,中央政府应该调节地方政府的角色作用,以促进区域经济达到帕累托最优。因此,在新型城镇化过程中,分析地方政府决策竞争对企业创新投资的影响机制,特别是企业何时进行投资、企业投向哪个地区、企业的风险容忍度、最优的投资金额、投资失败的识别和退出机制,如何避免地方政府决策竞争的产生以及如何减少地方政府决策竞争造成的危害,对提升新型城镇化建设质量,防止区域恶性竞争,促进经济增长方式的转变有十分重要的现实意义。

1.2　研究目的与意义

1.2.1　研究目的

本部分内容的主要研究目的有以下三个方面:

1. 分析新型城镇化过程中地方政府决策竞争的生成路径,以及地方政府决策竞争与企业创新投资之间的动态关系。

第一,研究新型城镇化过程中引起地方政府决策竞争的路径,并分析每一条路径的内部机制;

第二,利用聚类分析方法,依据城市化率和城市经济结构的相似性将中国的城市群分成三类,分别分析在不同城市化阶段下地方政府决策竞争与企业创新投资的三阶段长期动态关系,并且实证检验计算出两个转折点的阈值;

第三,分析如何避免地方政府决策竞争产生,以及如何减少因地方政府决策竞争而造成的区域创新投资没有达到帕累托最优和投资质量的损失。

2. 在不确定性决策环境下,考虑信息的不完全性,分析地方政府之间的决策竞争均衡关系。

在不确定性决策环境下运用前景理论和不确定理论,分别分析完全信息时、单边信息不对称时、双边信息不对称时地方政府之间(双寡头的地方政府)为吸引企业创新投资而产生的地方政府决策竞争的程度、如何避免地方政府决策竞争的产生以及如何减少地方政府决策竞争造成的危害。

3. 考虑在企业决策者不同风险偏好类型、信息的不完全性和地方政府决策竞争的影响下,创新投资企业的决策分析

考虑在企业创新投资决策者不同风险偏好类型(风险喜好型、风险中立型和风险规避型)下,运用风险规避理论和 CVaR 理论,从信息不完全视角分析在地方政府决策竞争影响下企业选择哪个区域进行投资,企业的最优投资金额、企业如何识别创新投资失败以及企业最优的退出机制。

1.2.2　研究意义

1. 分析新型城镇化过程中地方政府决策竞争的产生路径及地方政府决策竞争与企业创新投资的动态关系,为防止地方政府决策竞争产生以及减少其造成的危害,为提升新型城镇化发展质量和促进区域经济增长提供理论依据和现实参考意义。

第一,指出在新型城镇化过程中,引起地方政府决策竞争的三条路径,分析了地方政府竞争产生的危害,并且建立双寡头的古诺模型分析地方政府之间博弈的均衡,为政府制定政策避免地方政府决策竞争的产生,以及如何减少因地方政府决策竞争造成的危害提供理论指导。

第二,以 2000 年到 2014 年城市化进程中地方政府竞争和企业创新投资为研究对象,研究新型城镇化过程中地方政府决策竞争与企业创新投资的长期动态关系,为提升新型城镇化发展质量和促进区域经济增长提供理论依据和现实参考意义。

2. 对创新投资企业进行均衡分析,为进行创新投资的企业提供理论指导。

通过运用不确定理论、博弈理论和前景理论,在考虑地方政府决策竞争影响的前提下,分析在不同风险偏好态度和不同信息完备程度下,企业何时进行投资、企业投向哪个地区、企业最优的投资金额、创新投资失败的识别和退出机制,为企业进行创新投资的决策提供理论参考依据。

1.3 研究框架与内容

1.3.1 研究框架

本文沿着"识别问题——分析问题——解决问题——对策建议"的逻辑研究思路,分析在新型城镇化过程中地方政府决策竞争对企业创新投资的影响机制,研究框架和逻辑研究思路如下图 1-1 所示:

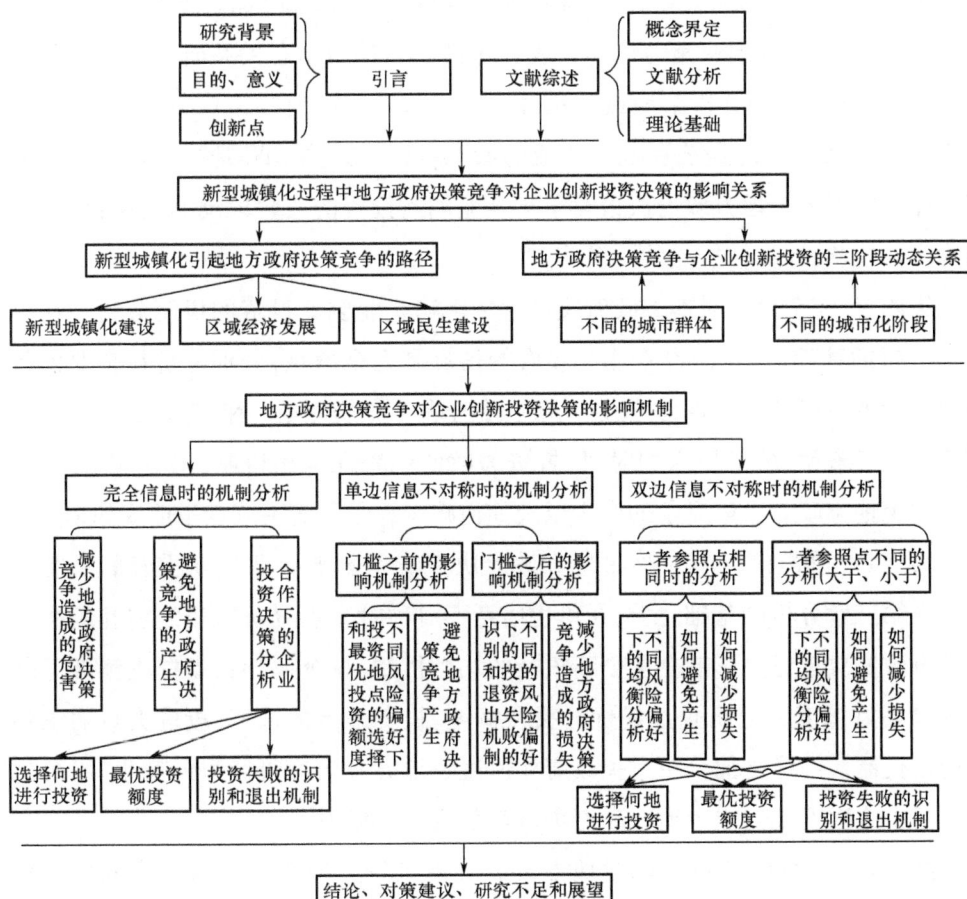

图1-1 论文研究框架

1.3.2 研究内容

本文的主要内容分为以下七章,每一章的具体内容如下:

第一章,导论。描述本文的研究背景,阐述本文的研究目的、研究意义、研究方法,最后提出本文的创新点。

第二章,文献综述。共分为三部分,第一部分界定研究主体的概念(地方政府决策竞争、企业创新投资);第二部分为相关文献综述,从地方政府竞争、企业创新投资和二者的相互关系三方面进行总结综述,提出本研究的切入点和创新之处;第三部分阐述研究的理论基础:不确定理论、前景理论和风险偏好理论。

第三章,地方政府决策竞争与企业创新投资的长期动态关系研究。本章共分为四部分,第一部分分析新型城镇化过程中引起地方政府决策竞争的路径,阐述地方政府决策竞争对经济和社会造成的影响;第二部分在不同城市群体、不同的城市化阶段下分析地方政府决策竞争与企业创新投资的三阶段动态关系;第三部分为实证检验,计算转折点的门槛值。

第四章,完全信息时地方政府决策竞争影响企业创新投资的机制分析。在第三章分析的基础之上,假设企业和政府的信息是完全信息,分别分析在企业创新投资决策者不同的风险偏好态度下地方政府决策竞争影响企业创新投资之后的企业最优投资额、最优投入的时机、投资失败的识别和退出机制。分析中央政府如何避免地方政府决策竞争的产生以及如何减少地方政府决策竞争造成的损失。

第五章,单边信息不对称时地方政府决策竞争影响企业创新投资的机制分析。在第三章分析的基础之上,在单边信息不对称时分别分析门槛之前和门槛之后地方政府决策竞争影响企业创新投资的均衡机制,在企业创新投资决策者不同的风险偏好态度下分析企业最优的投资额度、投资地点的选择、投资失败的识别和退出机制。门槛之前分析中央政府如何避免地方政府决策竞争的产生,以及门槛之后中央政府如何减少地方政府决策竞争造成的损失。

第六章,双边信息不对称时地方政府决策竞争影响企业创新投资的机制分析。在第三章分析的基础之上,在双边信息不对称时分别分析二者参照点异同(大于、小于和等于)后,地方政府决策竞争影响企业创新投资的均衡机制。在企业创新投资决策者不同的风险偏好态度下分析企业最优的投资额度、投资地点的选择、投资失败的识别和退出机制。分析中央政府如何避免地方政府决策竞争的产生，以及如何减少地方政府决策竞争造成的损失。

第七章，结论与启示。本章共分为三部分，第一部分总结本文的研究结论；第二部分，根据前文的研究提出对政府和创新投资企业的启示；第三部分指出本文的研究不足，提出未来的研究展望。

1.4 研究方法

1. 不确定理论分析方法

现阶段对于风险的识别和处理的方法主要有三类：第一类是基于概率论和数理统计的方法；第二类是基于模糊数学的方法；第三类是基于随机模糊理论的方法。然而，本文所研究的企业创新投资问题，其决策环境既非随机过程、又非模糊环境的不确定性系统，上述三种决策处理方法不适合我们的需求，在这类环境下我们需要新的决策方法，即不确定理论。

不确定理论分析方法可以更好处理不确定性环境下的决策问题，可以更好地解释决策均衡的分析结果，揭示内部作用机制。本文在分析地方政府决策竞争对企业创新投资的影响机制时，在不确定理论的分析范式下，建立风险测量模型CVaR，考虑信息的不完备程度，分别分析企业创新投资的最优投资额度、投资地点的选择、如何识别投资失败和投资的退出机制。

2. 基于前景理论的不同风险偏好的风险投资决策理论

前景理论将实验心理学和认知心理学对个体决策心理的研究应用到行为经济学中，研究个体的决策行为过程。前景理论以现实中的决策个体为研究对象，将个体价值感受和理性决策统一于一体，以"不完全理性"为假设前提，可以更加准确地解释在风险和信息不确定条件下决策个体实际的决策机制和决策行为。在基于前景理论的不同风险偏好的风险投资决策理论中，决策者的目标函数不仅仅是财富的增长，还增加了价值的感受，并且在不同的决策阶段，决策者的风险偏好还会发生转移，更加符合现实的情景。本文在前景理论的分析范式下，建立地方政府决策竞争的目标函数，分析地方政府决策竞争的程度。

3. 博弈理论

在分析地方政府决策竞争对企业创新投资影响机制时,考虑两个地方政府、两家外商企业(创新投资的出资方)和二者之间信息的不对称因素时,地方政府与企业、企业与企业之间会因为信息的不对称,形成古诺博弈模型和斯塔克尔伯格博弈模型。因此,在分析如何避免地方政府决策竞争的产生以及如何减少因地方政府决策竞争而造成的损失和危害时,要用到博弈理论进行分析。在完全信息下企业与企业是合作关系,在单边信息不对称下企业与企业是斯塔克尔伯格博弈,在双边信息不对称下企业与企业是古诺博弈,政府与企业之间存在"道德风险",长此以往会成为"柠檬市场"①。

4. 理论模型的定性分析与实证的定量分析相结合

本文采用定性分析和定量分析相结合的方法,定量分析方面主要采取图、表、实证模型[面板数据模型(panel data model)模型]等方式分析地方政府决策竞争与企业创新投资三阶段动态关系;定性分析方面运用不确定理论、前景理论和风险规避理论分析在不同企业决策风险偏好下、信息不对称下(单边信息不对称和双边信息不对称)下企业创新投资的最优投资额、投资地点的选择、企业创新投资失败的识别和退出机制。

1.5　研究创新点

1. 分析指出新型城镇化过程中引起地方政府决策竞争的路径与内部作用机制

对于新型城镇化进程中地方政府竞争的分析,多数学者都是从其产生的危害和预防措施视角进行研究,提出相应的对策建议。虽然也有一些学者分析了城镇化建设与地方政府竞争的关系,但都只是阐述二者之间的相关关系,对于新型城镇化如何引起地方政府决策竞争的研究较少。鉴于此,本文在单一制政府竞争的

---

① 柠檬市场(The Market for Lemons)也称次品市场,也称阿克洛夫模型。它是指信息不对称的市场,即在市场中,产品的卖方对产品的质量拥有比买方更多的信息。在极端情况下,市场会止步萎缩和不存在,这就是信息经济学中的逆向选择。"柠檬"在美国俚语中表示"次品"或"不中用的东西"。柠檬市场效应则是指在信息不对称的情况下,往往好的商品遭受淘汰,而劣等品会逐渐占领市场,从而取代好的商品,导致市场中都是劣等品。

分析范式下,分析指出了新型城镇化过程中引起地方政府决策竞争的三条路径:路径1:新型城镇化建设;路径2:区域经济发展;路径3:区域民生建设,并进一步阐述每一条路径的内部作用机制。

2. 动态分析地方政府决策竞争与企业创新投资的三阶段动态关系,并且实证计算出二者之间转折点的门槛值

对于地方政府竞争和企业创新投资的关系,研究学者一般认为二者的关系呈现开口向下的二元非线性特征,即地方政府竞争和企业创新投资呈现"U"形关系。本文进一步深入研究,将地方政府决策竞争与企业创新投资的长期动态关系分成三个阶段,在不同的城市群体(将全国的省市聚类分成三个不同的城市群体)、不同的城市化阶段分别分析各个阶段二者之间的长期动态关系,并且实证计算出二者之间转折点的门槛值。

3. 将决策者的不同风险偏好态度纳入企业投资决策的均衡分析中

在分析地方政府决策竞争对企业创新投资决策的影响机制过程中,将企业作为一个决策整体,并考虑这个决策整体对待风险的态度。对企业决策整体而言,由于其内部决策者的主观影响,将其分为风险喜好型、风险中立型和风险规避型三种类型,摒弃之前只是将企业决策者的风险偏好态度设定为风险规避型的假设。进一步假设地方政府是风险喜好型,因为从地方政府的立场而言,由于中央政府和地方政府之间是信息不对称的委托代理关系,中央政府很难发现地方政府的损失,从而使得地方政府对待外来企业创新投资的态度为"拿来主义",企业创新投资的规模越大,地方政府的收益概率就越大。

4. 考虑信息不对称的条件下,分析企业创新投资的最优投资额、投资地点的选择、企业创新投资失败的识别和退出机制

分别分析企业与政府之间在完全信息下、单边信息不对称下和双边信息不对称下,考虑地方政府决策竞争对企业创新投资决策的影响时,企业创新投资的最优投资额、投资地点的选择、企业创新投资失败的识别和退出机制。并且在地方政府决策竞争与企业创新投资二者呈现三阶段动态关系的基础之下,在门槛之前分析中央政府如何避免地方政府决策竞争的产生,在门槛之后分析中央政府如何减少因地方政府决策竞争而造成的损失和危害。

1.6 本章小结

本章主要分为五个部分,第一部分阐述本文的研究背景,提出本文的研究主线;第二部分为研究目的与意义;第三部分提出本文的逻辑研究框架和介绍每一章的主要研究内容;第四部分为研究方法;第五部分提出本文的创新点。

第二章　文献综述与理论基础

2.1　概念界定

2.1.1　地方政府决策竞争

对于地方政府竞争的概念,不同社会发展阶段、不同理论视角的研究学者给出的定义也不相同。总体而言,主要有以下五类:地方政府的横向竞争、地方政府的纵向竞争、地方政府的标尺竞争、地方政府的分权竞争、地方政府的晋升竞争。

地方政府的横向竞争,主要是指同一级的地方政府之间的竞争,主要在经济发展、民生建设方面产生竞争,主要的竞争手段为税收、财政、优惠政策等。地方政府的纵向竞争,主要是指同一地方政府中不同层级部门之间的竞争,由于各个层级之间信息不对称,且存在晋升竞争关系,从而导致了地方政府的纵向竞争。地方政府的标尺竞争,主要是指由于中央政府和地方政府之间是委托代理关系,因此中央政府会树立某一个地方政府作为标尺,其他地方政府都要以此为榜样进行学习,以获得中央政府的表扬,从而引起地方政府之间的竞争。标尺竞争的关键点在于中央政府主动引起了地方政府之间的竞争。地方政府的分权竞争,"分权"主要是指中央政府与地方政府的财政分权,由于中央政府和地方政府的财政分权,导致了地方政府有一定的财政支配权,从而可以促进区域经济发展,因此产生不同区域政府之间的竞争。地方政府的晋升竞争,主要是指地方政府官员的晋升由中央来决定,因此各个区域的地方政府官员为了自身的政治利益而实施的一系列的竞争措施,主要的竞争手段为吸引外资、促进当地经济增长和民生建设。

然而,上述对地方政府竞争的概念界定只是单纯地考虑了地方政府某一个单独方面的决策,例如税收方面、财政方面等,没有考虑地方政府的整体决策行为。鉴于此,本文定义地方政府决策竞争是指在单一制的国家中由于中央政府与地方政府之间是委托代理关系,存在信息的不对称,而地方政府之间又存在晋升博弈,因地方政府官员的"自利"行为而引起地方政府的决策竞争。这些竞争行为主要靠地方政府的决策来实现,即这种因地方政府之间的政绩竞争而做出的政府政策决策的行为统称为地方政府的决策竞争。

2.1.2　企业创新投资

对于企业而言,为了在行业当中长期具备核心竞争力,企业会生产和销售具有差别化的产品。执行差异化发展战略的企业会不断地改善企业产品的质量和其他方面的差异,而提升产品的质量和改善产品的差异要以投入大量的资本为基础,一般情况下称这类资本为企业的创新性投资。现阶段对于企业创新投资的研究主要是针对技术的 R&D 投入的研究。

随着信息技术的发展和生产方式的转变,企业的核心竞争力范围也不断地进行扩展。企业核心竞争力不仅包括产品生产的核心技术,还包括企业的产品功能差异、产品成本差异、产品的营销差异等。随着企业核心竞争力范围的扩展,企业创新投资的形式也变得多种多样,如为了改进技术而进行的创新投资、为改善产品质量而进行的创新投资、为了减少产品的生产成本而进行的创新投资、为了完善企业管理和优化企业的营销策略而进行的创新投资。通过企业的创新投资,企业不但可以直接地改善生产技术、降低企业的生产成本、提升产品的质量,而且还可以完善企业的管理、优化企业的营销策略,提高企业的效益。

综上所述,本部分内容在上述研究的基础之上,定义企业的创新投资是指企业为了提升自身的生产技术、产品设计以及企业管理而进行的创新性投资。企业创新投资由企业的内在需求与定位所决定,同时又受外部环境刺激所做出的各种对策反应。企业创新投资是资本、技术、营销和管理的结合体,对于经济增长和技术进步有巨大的推动作用。

2.2　文　献　综　述

2.2.1　新型城镇化过程中地方政府竞争研究文献综述

政府竞争源于 Albert、Breton(1996)强调的"竞争性政府"概念[25]。在联邦制的国家,政府长期处于一种竞争关系当中,政府及政府部门都迫于一种选民和市场主体的压力,为了获取选票,政府之间、政府当中各级部门之间以及政府和政府之外的主体之间都处于一种竞争关系。中国与西方的地方政府竞争理论并不完全相同,这主要是由于我国特殊的制度因素和政体所决定的[26][27](Thomas Rixen,2011;陈文静、杨廷均,2015)。

1. 国外文献综述

国外地方政府竞争理论起源于美国经济学家蒂伯特(Tiebout,1956),在《一个关于地方支出的纯理论》书中提出了"用脚投票①"理论,提出了地方政府在公共物品建设上的竞争范式[28]。其认为一个地区为了避免本区域有税收创造能力的居民迁移到那些财政收入与支出结构令居民满意的地区[29](Andac、Melissa,2011),地方政府将提高财政的运行效率并提高公共物品供应的满意程度,提供公共物品的建设效率[30](Frabklin et. al.,2014)。蒂伯特模型是以完全竞争市场为前提,是一个新古典模型的分析范式,此后对地方政府竞争的研究总体上经历了三个阶段,其发展历程如下图2-1所示:

第一阶段是基于蒂伯特模型拓展和变型的早期政府竞争理论,这一阶段的理论研究主要是针对在什么情况下才会出现政府竞争这一命题进行讨论。从蒂伯特模型可以看出,蒂伯特认为政府竞争的原因是居民可以自由迁移,如果居民是不流动的,那么就不存在政府竞争[31](Meghane et. al.,2011)。显然,这种新古典范式的思考是有局限性的,樊纲[32](2013)认为在单一制国家,由于存在多级政府,当居民的偏好、利益不一致时,也同样会产生竞争,只不过存在竞争内容和方式的差异[33](王美今等,2010)。然而对于蒂伯特模型的探讨,重点不在于其存在

---

① "用脚投票"理论也称为蒂伯特模型"(Tiebout Model)。

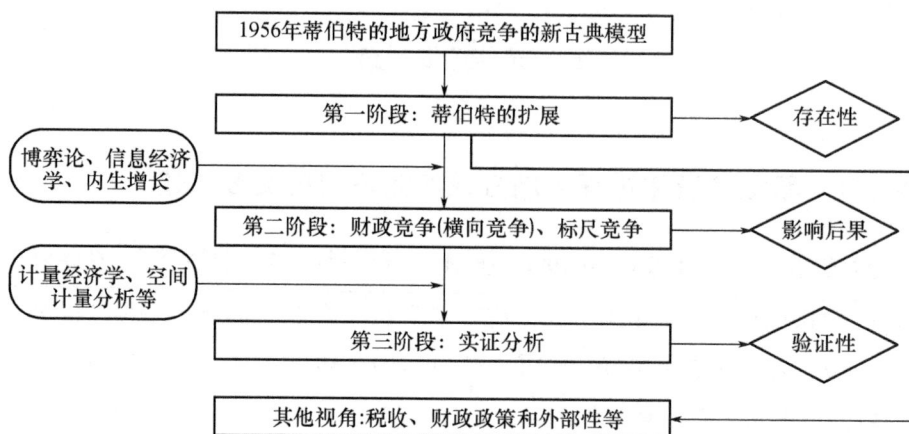

图 2-1　西方关于政府竞争理论的发展历程

性的证明,而是对政府竞争后果的研究,这就催生了地方政府竞争理论研究的第二个阶段。

第二阶段是基于博弈论、信息经济学、内生增长理论的运用,引入选民的集体选择因素建立了标尺竞争模型研究标尺竞争[34](Xavier,Holger,2011)。由于财政收支是政府之间竞争的主要手段,因此本阶段主要的研究对象是财政竞争、税收竞争、支出竞争等[35](王小龙、方金金,2015),但是由于地方政府官员都是城市居民自己选举的,投票权至关重要,因此标尺竞争问题也凸显出来[36][37](Michele et. al.,2011;Louise,2011)。

在第二阶段的研究发展过程中,还有一些学者选择了其他的视角来研究地方政府竞争这一命题,最具代表性的主要有以下三种:第一种,盖博瑞和维兰考特(2003)把税收竞争划分为显性和隐性两类来研究政府之间的税收竞争[38];第二种,威尔森和威尔德森(2004)研究并将税收竞争区分为三种类型[39];第三种,马蒂尔斯(2004)从地方财政竞争的外部性来区分不同税收类型的竞争[40]。但在现有文献中,大都把财政竞争分为以下三种类型:(1)横向财政竞争:主要是指同级政府之间的竞争[41](Viral et. al.,2012)。艾坡和泽勒尼茨(1981)研究指出地方政府为寻求租金最大化,致使辖区公共物品供给效率低下[42];泽德罗和米斯科维齐(1986)建立模型证明资本的竞争会产生价格战[43],从而导致辖区税收偏低,最终导致辖区公共物品供给的不足[44](Jing、Chen,2013)。(2)纵向财政竞争是指上下级政府之间的竞争[45]（李明等,2014）。弗劳尔斯[46]（1998）认为当上下级政府共享一个税基时,会产生纵向的财政竞争[47]（范柏乃、陈云龙,2014）。(3)标尺竞争是基于信息方面的横向竞争,主要是由于相邻辖区的标尺竞争而产生[48]（Jiuh、Chen,2012）。百思利和凯斯认为在一个民主制国家,辖区政府官员由居民自行选出,由于信息的不对称,一些政府官员会从中为自己寻求政治租金,在这种情况下,选民只能通过对比周边辖区政府的政绩来评判,因此就会产生标尺竞争[49]。

第三阶段主要是基于空间计量经济学的运用,这一阶段的理论主要针对检验政府间竞争的存在性、程度以及后果。从 1990 年开始,研究者开始尝试运用空间计量经济学理论和方法来研究政府竞争问题。其融合了时间和空间两个方面的优点,能够比较全面地反映出空间互动关系。

2. 国内文献综述

由于我国地方政府竞争理论研究起步较晚,20 世纪 90 年代我国的地方政府竞争理论研究才刚刚起步,国外已经发展到实证的验证性研究阶段。而且我国的政体与国外的也不同,经济体制也相异,因此我国学者是从我国的特殊性角度来研究地方政府竞争理论[50]（周业安等,2014）,其研究历程如下图 2-2 所示:

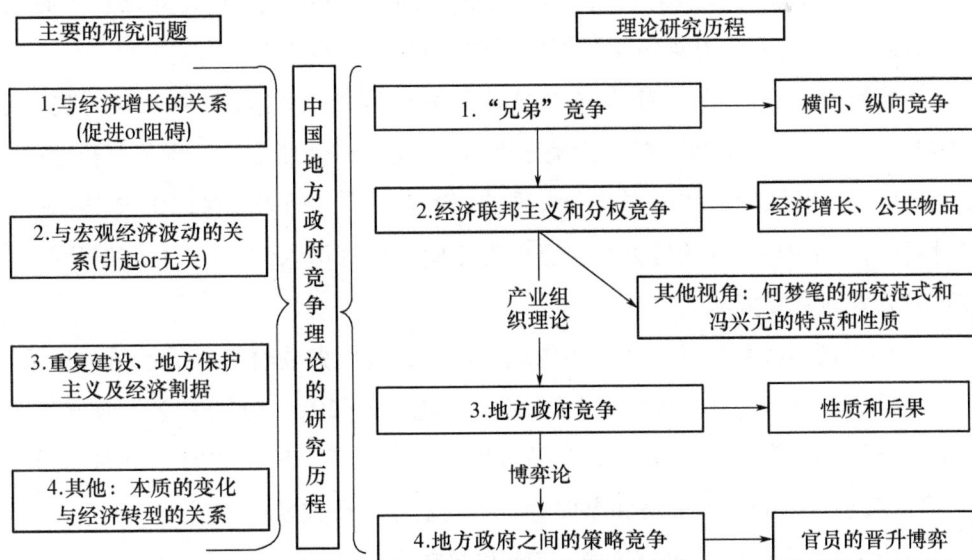

图 2-2　中国地方政府竞争理论研究历程

从我国地方政府竞争理论研究的演化路径来看,我国学者对地方政府竞争的研究经历了"兄弟竞争"、经济联邦主义和分权竞争、地方政府竞争(晋升博弈)和地方政府之间的策略竞争四个历程。

(1)"兄弟竞争":樊纲和张曙光(1990)在《公有制宏观经济理论大纲》一书中依据中国国情,将地方政府之间在投资领域的横向竞争以及地方政府在同一领域的纵向竞争概括为"兄弟竞争"[51]。

(2)经济联邦主义和分权竞争:经济联邦主义方面,钱颖一[52]认为在中国改革开放的进程中,地方政府竞争行为促进了我国的经济增长,并给出一个完整的理论逻辑和模型。王颂吉和白永秀(2014)、周业安(2014)和李永友(2015)等人认为地方政府类似一个利润中心,它们相互之间必然会展开竞争[53][54][55]。但是他们没有给出政府之间的竞争与商业竞争的异同点。分权竞争方面,通过研究地方政府财政分权与当地的经济发展关系来规范地讨论政府竞争及其后果。张宏翔等(2015)建立政府竞争促进经济增长的模型,分析了政府分权体制下的竞争对区域经济增长的拉动作用[56];邵明祥等(2015)基于面板数据模型研究财政分权对城市公共物品供给效率的作用,结果指出地方政府之间的财政竞争是导致城市公共物品供给缺乏效率的主要原因。但张宏翔和邵明祥的研究都是基于面板数据,难以揭示地方政府竞争与其策略互动影响,只强调分权的作用[57]。

在此阶段还有一些学者从其他视角研究政府的财政竞争和分权:何梦笔(1999)基于Breton(1996)的政府竞争范式,提出了一个新的政府竞争分析框架,以此来比较分析俄罗斯和中国两个大国的绩效差异[58];冯兴元(2010)在其《地方政府竞争》一书中,对我国地方政府竞争现象做了仔细深入的分析,总结出我国地方政府竞争的主要特征[59]。

(3)官员晋升博弈:基于产业组织理论研究我国地方政府竞争的性质与后果。田伟和田红云(2009)、陈谭和刘兴云(2011)、周黎安(2014)分别建立了地方政府竞争的产业组织模型,以此来讨论产品市场和要素市场上地方政府竞争的不同策略,但是对于横向的竞争策略和纵向竞争策略的互动研究较少[60][11][61]。

(4)地方政府之间的策略竞争:赵曦和司林志(2013)建立了一个地方政府官员的政治晋升寡头静态博弈的模型,研究地方政府官员的晋升激励对区域经济发展的影响[62]。

从地方政府竞争的结果来看主要的研究有以下四个方面：

(1)地方政府竞争与经济增长。

我国大多数对地方政府竞争进行研究的学者认为,适当的地方政府竞争有助于经济增长。付强和乔岳(2011)、傅强和朱浩(2013)、罗若愚和张龙鹏(2013)等从财政分权和地方政府竞争的视角说明了地方政府竞争有助于经济增长[63][64][65]。赵会玉(2010)和林建浩(2011)利用空间经济学研究税负与实际GDP 的长期变动关系[66][67]。赵德昭和许和连(2013)实证分析了财政竞争对 FDI绩效的作用,结果是现实财政支出的增加对外商直接投资增长有显著的正向的影响[68]。陈奕梅和孙荣贵(2013)建立面板数据模型证明了文教、卫生事业的财政支出能够促进本地区的经济增长[69]。谢乔昕和宋良荣(2015)认为中央政府分权给地方政府能发展地方政府的竞争理念,促进经济发展[70]。然而,本阶段的研究大多采用面板数据,无法揭示政府策略变动的影响,也没有考虑到制度因素的作用。

(2)地方政府竞争和宏观经济波动。

在中国财政分权体制下,地方官员任期时间一定,导致其相互竞争过程中采取依赖投资促进增长[71](邓忠奇、陈甬军,2015),实行可带来短期超额收益的外延型增长模式,从而导致投资冲动(周灵,2015),进而导致经济波动[72]。赵旭杰和郭庆旺(2015)通过模型证明,财政和政治晋升双重激励导致地方政府竞争加剧,导致投资和经济过热,引起经济波动[73];王健等(2015)研究表明分权可能带来地方政府过度投资基础设施[74];李璐(2016)和张耿(2016)根据数据统计研究证明了财政分权对经济波动的促进作用[75][76]。

(3)地方政府竞争和基础设施的重复建设、"诸侯经济"以及地方保护主义。

地方政府决策竞争的过程中,政府除了争夺外来的生产要素,还必须确保本地生产要素不能外流。但要做到后者就必须出台相应的地方保护主义政策,并借助其他相关部门对外地企业设置障碍,增加进入本地区的成本,以保护本地企业。魏后凯(2011)详细地分析了我国改革开放以来存在的重复建设问题,结果表明地方政府的竞争是导致我国总体生产能力过剩、生产设备闲置的重要原因之一[77]。还有一些海外学者如 Young(2010)、Poncet (2011)、Bai (2014)、李善同 (2014)关注我国市场分割问题,实际测量了我国地方保护主义的程度[78][79][80][81]。

（4）地方政府竞争和公共物品供给的扭曲。

第一，对公共支出的作用。方红生和张军（2009）指出财政分权下政府竞争改变了政府预算模式，导致政府公共支出出现偏差[82]；王守义（2015）建立面板数据模型分析政府竞争导致了公共支出"重建设、轻人力"的扭曲结构[83]。第二，对公共物品供给的作用。聂颖、郭艳娇和韩洁（2011）建立面板数据分析了财政分权对小学义务教育产生的负面影响[84]；周亚虹、宗庆庆和陈曦明（2013）、顾佳峰（2012）建立面板数据模型从收入与支出角度研究财政分权对教育水平的影响，结果表明收入方面，二者呈现正向关系，支出方面，二者呈现负向关系[85][86]；刘建民、王蓓、吴金光（2015）、王敏和胡汉宁（2015）运用动态面板数据模型研究财政分权和环境之间的关系，研究发现财政分权度的提高对环境质量具有显著的负面影响[87][88]。

近年来关于地方政府竞争研究有了新的视角：周业安（2010）认为我国的地方政府竞争的本质已经悄然发生变化，"兄弟竞争"和地方保护主义在减弱，差异性竞争在加强[89]；迟福林、匡贤明（2013）认为在新的经济发展阶段，地方政府的竞争作用是否可取，主要取决于其扮演什么角色[24]。

综上所述，在新型城镇化过程中对于地方政府决策竞争的研究多数都只是阐述其造成的危害，对于如何减少地方政府决策竞争的产生以及如何减少其造成的危害研究较少。而且在分析地方政府决策竞争对企业创新投资的吸引力时，没有考虑企业投资的自身选择性和不同城市群体、不同城市化阶段的影响。鉴于此，本文首先分析在新型城镇化过程中引起地方政府决策竞争的路径和产生的影响，分析不同城市群体、不同城市化阶段下地方政府决策竞争与企业创新投资的长期动态关系；其次分析地方政府决策竞争对企业创新投资的作用机制；最后，从政府的视角出发，分析如何避免地方政府决策竞争的产生以及如何减少地方政府决策竞争造成的危害。

2.2.2 新型城镇化过程中企业创新投资研究文献综述

对于企业创新投资的分析起源于对 R&D 的研究，国外学者对于创新投资的研究可以分为三个阶段：第一阶段为企业创新投资事件的决策阶段，主要是研究影响企业创新投资的因素[90]（Sounder 和 Mandakovic，1986）；第二阶段为企业创新投资事件的决策过程阶段,主要是研究企业创新投资的决策机制、组织形式和运行模式[91][92](Kuemmerle,1993;Bollen,1999);第三阶段为企业创新投资的综合评价阶段,主要是研究企业创新投资的绩效评价[93][94](Boris,2012;Caner,2014)。

国内学者对于企业创新投资的研究可以分成两个主要的部分:企业创新投资的内部机制因素分析和外部机制因素分析。企业创新投资的内部机制分析主要集中在以下几个方面:创新投资的风险分析、创新投资的策略分析(投资策略、收益模式和决策分布等)、人力资本(高管薪酬、董事会的结构、风险偏好、投资情绪等)和信息方面。吴江林、柏政成和周孝华(2011)研究企业创新的风险投资最优退出方式,研究结果表明通过对控制权分配,分析企业债权和股权比重,可以减轻风险冲突[95];彭佑元和王婷(2016)基于人力资本的视角构建了企业创新投资的收益计算公式[96];刘卫柏、游达明和李中(2013)运用泊松分布分析企业投资的变化过程,研究表明项目的价值跳跃和实现的频率是影响企业投资决策的主要影响因素[97];卢锐(2014)研究企业创新投资与高管薪酬业绩敏感性指出,高管薪酬业绩敏感性对创新的影响与其他治理机制之间具有替代效应[98];杨国忠和杨明珠(2009)研究管理人员的结构和成本对企业创新投资的影响指出,企业管理层的结构通过管理成本来间接地影响企业的创新投资[99];李星北和齐二石(2014)研究了不同风险偏好下的企业创新投资模型,并给出了单独投资和联合投资下的企业创新投资模型[100];刘强等(2015)、花贵如(2010)研究投资者情绪对企业投资行为的影响,研究结果表明投资者情绪对企业投资行为的影响呈现两面性,在创新性投资方面尤为突出[101][102];苟燕楠和董静(2014)、谭英双(2010)研究模糊环境下的企业技术创新投资决策问题,结果表明由于投资环境的不确定性、复杂性和模糊性,导致了企业技术创新投资的多层次性和动态性[103][104]。

企业创新投资的外部因素研究主要集中在以下几个方面:激励政策、经济发展战略、财政、税收和融资约束。黄燕、吴婧婧和商晓燕(2013)研究风险投资与企业创新投资的相关性指出,企业风险投资的占股比例越大,其创新投资的比重就越大[105];周勇(2012)从产业融合和区域发展的微观角度研究企业创新投资,研究结果表明通过创新投资可以联合企业有形和无形的资产,进行科技创新[106];陈平路和陈波涛(2010)研究各国财政税收政策对企业创新投资的影响,研究表明税收对创新投资的吸引有显著的影响[107];唐清泉和肖海莲(2012)研究在融资约束的条件下企业创新投资的决策,结果表明在融资约束的条件下,政府的补助对投资的决策有决定性作用[108]。

鉴于上述研究,在新型城镇化过程中对于企业创新投资的研究,首先是主要对企业 R&D 投入的研究,而对企业创新投资在企业管理、产品营销等方面的分析较少。其次是在分析企业选址的区域时,只考虑了区域的基础设施建设、财政补助、税收减免等方面的影响,对于地方政府的决策竞争考虑较少。再次是在分析企业投资时,主要关注是否投资,而对于何时投资、投资的额度、如何识别投资失败、如何退出的问题还未深入研究。最后是在研究企业投资时,研究假设企业投资决策者的风险态度为风险规避态度,忽略了对企业投资决策者的风险态度为风险喜好型和风险中立型两种情况的分析。鉴于此,本文从企业决策者不同的风险偏好态度视角出发,选取企业创新投资为研究主体,分析在有地方政府决策竞争的作用下,企业创新投资的最优投资时机、投资的额度、如何识别投资失败以及退出机制。

2.2.3   地方政府竞争对企业创新投资影响的文献综述

关于地方政府决策竞争与企业创新投资之间的互动关系,国内和国外的研究结果存在很大差异。国外由于联邦制的国家制度,并且只是标尺竞争,地方政府竞争在吸引企业投资方面朝向良好的发展方向,不存在过度吸引的现象[109][110][111][112][113][114](Robin Nunkoo,2015;Bob、Evans,2014;Hayato、Kato,2014;Jonathan,2014;Sergio,2013;Kalashnikov,2012)。国内对于地方政府决策竞争与企业创新投资的关系研究,主要是分析地方政府决策竞争对企业创新投资的影响关系。总结来看,主要从三个方面:总体上的关系分析、财政政策与企业创新投资、税收政策和企业创新投资。

总体关系的分析主要从经济增长、宏观经济周期、政府效率、经济波动、跨国投资、社会总体福利、基础设施建设(交通运输)和公共卫生方面进行研究。张俊远、王瑞芳(2013)研究地方政府竞争、土地财政与固定资产投资互动关系问题,指出由于地方政府是区域经济重要的参与体,因此地方政府的竞争会在很大程度上影响企业创新投资的去向[115];唐志军、刘友金、谌莹(2011)研究地方政府竞争、投资冲动和我国宏观经济波动问题,研究结果表明从现阶段的区域经济发展来看,地方政府的竞争是引起区域经济波动和投资过热的主要原因[116]；张志宏、徐一民(2010)研究产品市场竞争、政府控制与投资效率，以非金融类的上市公司为实证研究主体，从企业创新投资视角出发，分析了产品市场和区域政府对企业投资有效性的影响[117]；陈工等(2012)研究认为由于政府效率的差异，在我国东部地区，政府税收优惠对吸引投资有显著的负面作用，政府财政支出对吸引投资有显著的正面作用；在中部地区，情况则截然相反；在西部地区，财政竞争和企业投资的关系是不显著的[118]；杨万春(2010)基于不同区域打造投资环境竞争实践的思考，分析区域竞争的负效应与政府理性行为，研究指出地方政府竞争存在负效应，对企业创新投资的影响较大[119]；苗妙(2014)在中国式财政分权框架下实证分析地方政府支出竞争与地区投资行为，研究指出地方政府竞争对企业创新投资的投向有直接的影响作用[22]；郭庆旺、赵旭杰(2012)研究分析了地方政府投资竞争与经济周期波动，研究指出地方政府为了自身利益，势必在投资规模上展开激烈的竞争，由此将产生省份总投资冲击进而影响全国经济周期波动；林江等(2011)基于技术外溢和跨国公司研发投资的模型分析了政府补贴对引资竞争的作用，研究表明跨国公司的科研投资受地方政府竞争程度的影响[120]；杨宝剑(2011)以交通运输业的发展为例，实证分析了地方政府投资竞争行为及效应检验，分析了完全信息条件下与不完全信息条件下我国地方政府投资竞争行为的博弈表现与纳什均衡，并对比了各种博弈均衡的社会收益问题[121]；张宏翔、张宁川、许贝贝(2015)以1995~2012年地级市的数据分析了政府竞争、资本投资与公共卫生服务均等化问题，研究指出政府竞争有利于促进公共卫生服务供给，但并不明显[122]。就不同地区而言，东部地区政府竞争促进了公共卫生供给，中西部地区政府竞争遏制了公共服务供给，中部的遏制效应强于西部，说明当前我国的公共卫生服务并不均等。

　　财政政策与企业投资关系方面，主要从财政分权视角进行了阐述。朱铁、熊思敏(2009)基于中国省际面板数据的经验分析，研究了财政分权、FDI引资竞争与私人投资"挤出效用"，研究结果表明地方政府竞争对外来的FDI的吸引会挤出本地的FDI，并且在中国的中西部地区非常明显[123]；郑士源(2013)研究政府对港口投资竞争的规制，即政府的税收或补贴政策对港口投资竞争有直接的影响[124]；申亮(2011)运用博弈理论，分析了财政分权、辖区竞争与地方政府投资行为，研究指出由于地方政府的竞争导致了区域的过度投资，并且为了进一步吸引投资，地方政府的竞争程度还在不断加剧[125];闫文娟(2012)研究中国财政分权、政府竞争与环境治理投资问题,以省级的面板数据为基础,分析了财政分权对政府竞争的促进作用[126];邓玉萍、许和连(2013)基于财政分权视角,实证分析了外商直接投资、地方政府竞争的关系,研究结果显示在财政分权下,财政策略性竞争会直接作用到 FDI 的空间区位的选择[127];许国艺(2014)研究政府的财政补贴和市场竞争对企业研发投资的影响,研究表明政府研发补贴是政府引导企业技术创新、提升企业自主研发能力的政策工具[128]。

税收政策和企业投资关系方面,宋小宁和葛锐(2015)基于纵向税收竞争理论分析地方基建投资热的财政转移支付原因,研究结果表明区域政府的税收竞争造成了基础设施建设过度投资,是造成区域基础设施重复建设的主要原因[129]。戴子礼(2011)从博弈论视角研究分析了区域 R&D 投资的政府财税激励政策,研究结果表明当区域的税收优惠高于技术的溢出效应时,要鼓励企业单独投资[130];当区域的税收优惠低于技术的溢出效应时,政府要和企业合作投资。付文林、耿强(2014)研究税收竞争、经济集聚与地区投资行为,研究结果表明,目前在中东部地区吸引企业创新投资需要从差异化的优惠策略出发[131]。

综上所述,由于国外的地方政府有单独的税率决定权,因此地方政府竞争对企业创新投资的影响主要集中在税收优惠上。而我国的税率由中央政府统一制定,并且我国正处于快速的城镇化和经济发展方式转型阶段。鉴于此,本文从地方政府优惠政策视角出发,研究地方政府决策竞争程度对吸引企业创新投资的作用机制。

2.3 理论基础

2.3.1 不确定性理论

对于决策风险的识别和处理的方法主要有三类:针对随机事件风险决策的分析[132](Robert,Liu,Ma,2015),本方法基于概率论和数理统计的方法进行分析[133]

（Ebra,Daniel,2014），利用数理统计和概率论的分析范式定量地描述随机环境①下的风险和出现的概率；针对模糊事件的分析[134]（zeng,zhang,Yu,et.al,2016），本方法主要利用模糊数学理论分析范式分析模糊环境②下的风险和出现的概率[135]（Silvano,2014）；针对随机模糊事件的分析[136]（Jennifer et.al,2015），本方法主要利用随机模糊的分析范式定量地描述随机模糊环境下的风险和出现的概率,该类方法是随机理论和模糊理论的综合[137][138]（Pereia.Jr et.al,2015；Helen,et.al。2015）。

当我们遇到的这样一类决策环境,它既非随机过程,又非模糊环境的不确定性环境时[139][140][141]（Tang,2015；Jeffrey,et.al.,2015；Yu.Loern,2015）,上述三种决策风险处理方法就不再适合我们的需求,在这类环境下的处理比起上述三种要复杂很多,因此需要一种新的理论分析范式进行分析。

不确定理论是在不确定性环境下分析风险决策的理论[142]（刘宝碇,2015）,其理论分析范式与概率论相类似,是处理不确定现象公理化的数学体系和工具。不确定理论是概率论[143]（Jorge,2015）、可信性理论[144]（Emilie,2015）、信赖性理论的统称[145]（AI Burlingame,2016）,它包括模糊随机理论[146]（Libor、Zuzana,2014）、随机模糊理论[147]（Ignacio、Enrique、Susana,2015）、随机粗糙理论[149]（Luigi,2015）、粗糙随机理论[148]（Murat,2015）、模糊粗糙理论[149]（Luigi,2015）、粗糙模糊理论[150]（Suman、Sankar,2015）、双重随机理论[151]（Chen,et.al.,2016）、双重模糊理论[152][153]（Bassam、Hassan,2015；Richard,et.al.,2015）、双重粗糙理论[154][155][156]（Siegfried,2014；Kang、Jeong,2015；Li、Xu,2015）。不确定理论的内容框架具体如下图 2-3 所示：

1. 不确定测度与不确定空间

定义 (τ,L,M) 为不确定理论下的不确定空间,其中 τ 为非空的集合；L 为集合中一些子集构成的代数集合；M 为实数（非负的实数）函数,一般称为辨识函数。

---

① 随机环境:事前不可预言的现象,即在相同条件下重复进行试验,每次结果未必相同,或知道事物过去的状况,但未来的发展却不能完全肯定。如:以同样的方式抛掷硬币却可能出现正面向上也可能出现反面向上;走到某十字路口时,可能正好是红灯,也可能正好是绿灯。研究这类现象的数学工具是概率论和统计。

② 模糊环境:事物本身的含义不确定的现象。如:"情绪稳定"与"情绪不稳定""健康"与"不健康""年青"与"年老"。研究这类现象的数学工具是模糊数学。确定性现象与随机现象的共同特点是事物本身的含义确定;随机现象与模糊现象的共同特点是不确定性,随机现象中是指事件的结果不确定,而模糊现象中是指事物本身的定义不确定。概率论将数学的应用从必然现象扩大到随机现象的领域,模糊数学将数学的应用范围从清晰确定扩大到模糊现象的领域。

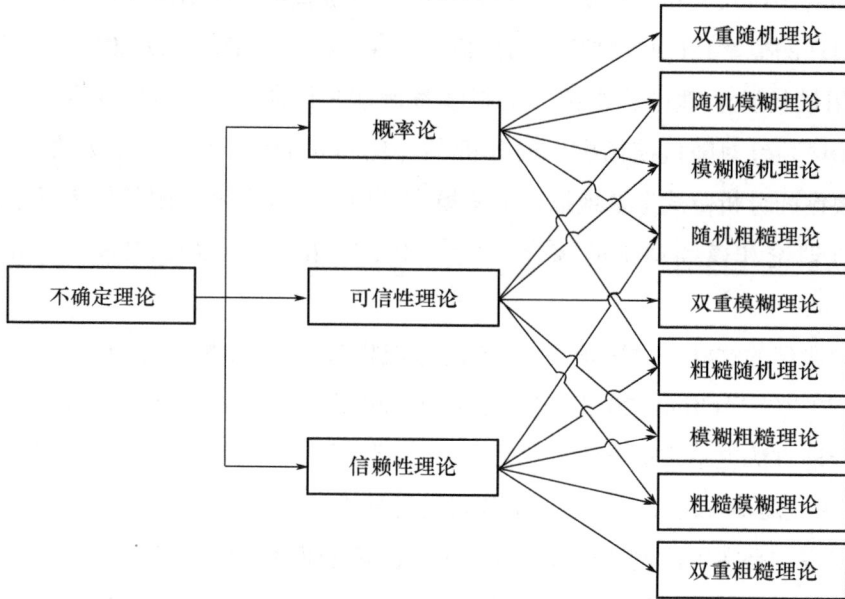

图 2-3　不确定理论树形图

不确定空间有五条公理：

公理 1：辨识函数 M 是规范函数，其中 $M(\tau)=1$。

公理 2：辨识函数 M 是单调增加的函数，即当 $A<B$ 时，$M(A)<M(B)$。

公理 3：辨识函数 M 是自对偶的函数，即当 A 与 A^c 为对偶函数时，$M(A)+M(A^c)=1$。

公理 4：辨识函数 M 是可以排序也可以叠加的函数，即对任意的可以排序和可以叠加的事件 $\{\wedge i\}$，有 $M\{Ui\wedge i\} \leqslant \sum\limits_{i-1}^{\infty} M\{\wedge i\}$ 成立。

公理 5：函数 M 是非空集合 τ 上的辨识函数，对于任意的子集 $\wedge$，如果，则：

$$\bar{M} = M_1 \times M_2 \times M_3 \cdots\cdots M_n$$

$$M(\wedge) = \begin{cases} \sup\limits_{\wedge_1 x \cdots \wedge_n \subset \wedge} \min\limits_{1<k<n} [M_k(\wedge_k)], \text{if} \sup\limits_{\wedge_1 x \cdots \wedge_n \subset \wedge} \min\limits_{1<k<n} [M_k(\wedge_k)] < 0.5 \\ 1 - \sup\limits_{\wedge_1 x \cdots \wedge_n \subset \wedge} \min\limits_{1<k<n} [M_k(\wedge_k)], \text{if} \sup\limits_{\wedge_1 x \cdots \wedge_n \subset \wedge} \min\limits_{1<k<n} [M_k(\wedge_k)] > 0.5 \end{cases}$$

2. 不确定变量

不确定变量是指在不确定空间上的实数值的可测函数，它是刻画不确定理论中的不确定现象的基本工具。

定义在不确定空间(一个具有 n 维的变量空间),不确定变量是指从 n 维的变量空间到不确定的空间 (τ,L,M) 映射的可测函数。

3. 辨识函数

不确定理论的辨识函数主要有以下三类:

(1)第一类辨识函数

在不确定空间 (τ,L,M) 的一个不确定变量 ε,如果某个函数 $\lambda(X)$ 满足如下条件: $\sup\limits_{x \neq y}[\lambda(x)+\lambda(y)]=1$。对于任何的实数集合 B 而言,有如下的函数称为不确定空间 (τ,L,M) 上不确定变量 ε 的第一类辨识函数。

$$M(\varepsilon \in B) = \begin{cases} \sup\limits_{x \in B}\lambda(x), & \text{当} \sup\limits_{x \in B}\lambda(x) < 0.5 \\ 1 - \sup\limits_{x \in B}\lambda(x), & \text{当} \sup\limits_{x \in B}\lambda(x) \geq 0.5 \end{cases}$$

(2)第二类辨识函数

在不确定空间 (τ,L,M) 的一个不确定变量 ε,如果某个函数 $\lambda(X)$ 满足如下条件: $\int_B \lambda(x)dx \geq 1$。对于任何的实数集合 B 而言,有如下的函数称为不确定空间 (τ,L,M) 上不确定变量 ε 的第二类辨识函数。

$$M(\varepsilon \in B) = \begin{cases} \int_B \lambda(x)dx, & \text{当} \int_B \lambda(x)dx < 0.5 \\ 1 - \int_B \lambda(x)dx, & \text{当} \int_B \lambda(x)dx \geq 0.5 \end{cases}$$

(3)第三类辨识函数

在不确定空间 (τ,L,M) 的一个不确定变量 ε,如果某个函数 $\lambda(x)$ 满足如下条件: $\int_B \lambda(x)dx + \sup\limits_{x \neq y}\lambda(x) \geq 0.5$。对于任何的实数集合 B 而言,有如下的函数称为不确定空间 (τ,L,M) 上不确定变量 ε 的第三类辨识函数。

$$M(\varepsilon \in B) = \begin{cases} \int_B \lambda(x)dx + \sup\limits_{x \neq y}\lambda(x), & \text{当} \int_B \lambda(x)dx + \sup\limits_{x \neq y}\lambda(x) < 0.5 \\ 1 - \int_B \lambda(x)dx + \sup\limits_{x \neq y}\lambda(x), & \text{当} \int_B \lambda(x)dx + \sup\limits_{x \neq y}\lambda(x) \geq 0.5 \end{cases}$$

4. 期望值、方差和关键值

（1）期望值

不确定理论下的不确定变量的期望值是指在一定的不确定空间下，不确定变量发生的最大频率，其定义公式如下：$E(\varepsilon) = \int_0^{+\infty} M(\varepsilon \geq r)dr - \int_{-\infty}^0 M(\varepsilon \leq r)dr$。上述期望值的定义既适用于连续的不确定变量，也适用于离散的不确定变量。在概率论中当两个变量相互独立时，可以将上述的期望定义为：$E(\varepsilon+\eta) = E(\varepsilon) + E(\eta)$。类似的，在不确定空间中当两个不确定变量相互独立时，其期望值计算如下：

$$E(\varepsilon + \eta) = \left[\int_0^{+\infty} M(\varepsilon \geq r)dr - \int_{-\infty}^0 M(\varepsilon \leq r)dr\right] +$$

$$\left[\int_0^{+\infty} M(\eta \geq r)dr - \int_{-\infty}^0 M(\eta \leq r)dr\right]$$

当 a、b 为常数时：$E(a\varepsilon+b\eta) = aE(\varepsilon)+bE(\eta)$。

（2）方差

与概率论类似，不确定理论也具有方差的概念。在不确定理论中方差主要用于描述不确定变量大小的分布与期望值的集聚程度。当不确定变量大小的分布与期望值的集聚程度越大时，不确定理论中的方差越大；当不确定变量大小的分布与期望值的集聚程度越小时，不确定理论中的方差越小。

假定不确定理论中的不确定变量为 ε，其期望值为 e，则定义不确定变量 ε 的方差为：$V(\varepsilon) = E[(\varepsilon-e)]^2$

不确定理论下，方差也满足如下三条定律：

第一定律，$V(\varepsilon) = E[(\varepsilon-e)]^2 = 0$，仅当 ε 为常数时。

第二定律，$V(\varepsilon+b) = V(\varepsilon)$，$b$ 为常数。

第三定律，$V(a\varepsilon+b) = a^2 V(\varepsilon+b) = a^2 V(\varepsilon)$，$a$、$b$ 为常数。

（3）不确定理论的关键值

为了进一步比较不确定变量的大小，不确定理论将其变量分成了两类：乐观值和悲观值。

乐观值：

假设 ε 为不确定空间 (τ, L, M) 中的不确定变量,并且 $\alpha \in (0,1]$,当 $\varepsilon_{\sup}(\alpha) = \sup\{\gamma \mid M\{\varepsilon \geqslant \gamma\} \geqslant \alpha\}$ 时,我们称为 ε 的 α 乐观值。

悲观值:

假设 ε 为不确定空间 (τ, L, M) 中的不确定变量,并且 $\alpha \in (0,1]$,当 $\varepsilon_{\inf}(\alpha) = \inf\{\gamma \mid M\{\varepsilon \leqslant \gamma\} \geqslant \alpha\}$ 时,我们称为 ε 的 α 悲观值。

根据上述不确定理论的乐观值和悲观值的定义,在此基础之上定义不确定理论下的风险损失为:

$$\varepsilon_{\mathrm{VaR}}(\alpha) = -\inf\{\gamma \mid M\{\varepsilon \leqslant \gamma\} \geqslant \alpha\}$$ 为风险损失 ε 的在险价值(VaR)。

5. 不确定的风险模型

在不确定性理论分析范式下,对于风险的描述主要有四类模型:风险期望模型、在险价值模型、风险极小化模型和均值—风险模型,具体的每一类模型如下所示:

(1)风险期望模型(REVM)

与概率论的分析范式一样,在不确定理论中也将不确定变量的期望值作为其潜在风险的一种度量方法。基于这种期望的风险模型描述方法称为风险期望方法。定义 X 为事件的决策向量,ε 为不确定理论下的风险变量,f 为目标函数,g 为约束函数,E 为期望值计算:

$$\min E\{f(x,\varepsilon)\}$$

$$s.\,t. \begin{cases} E\{g(x,\varepsilon) \leqslant 0\} \\ j = 1,2,3,\cdots,p \end{cases}$$

(2)在险价值模型(VaR)

在险价值模型是在风险期望模型(REVM)的基础上修正得来,在险价值模型中,其目标函数不再是追求目标期望的最大化,而是直接变为目标函数的最大化,并且允许决策中存在一定的违约现象,但是这样的违约概率必须在一定的置信水平之下。定义 X 为事件的决策向量,ε 为不确定理论下的风险变量,f 为目标函数,g 为约束函数。

极小化的在险价值模型为:

$$\min f(x,\varepsilon)$$

$$s.t. \begin{cases} M\{f(x,\varepsilon) \leqslant f\} \geqslant \beta \\ M\{g(x,\varepsilon) \leqslant 0\} \geqslant a \\ j = 1,2,3,\cdots,p \end{cases}$$

（3）风险极小化模型（Min-Risk Model）

风险极小化模型其目的是在不确定决策环境中将风险事件的不确定测度值达到最小化的模型,其中不确定决策环境指的是不确定的决策约束条件:$g(x,\varepsilon) \leqslant 0$,定义 X 为不确定事件的决策向量,ε 为不确定理论下的风险变量,f 为目标函数,g 为约束函数,h 为风险事件。

$$\min M\{h_k(x,\varepsilon) \leqslant 0\}$$

$$s.t. \begin{cases} g(x,\varepsilon) \leqslant 0 \\ j = 1,2,3,\cdots,p \\ k = 1,2,3,\cdots,q \end{cases}$$

（4）均值—风险类模型（Mean-Variance Model）

上述三种模型都是针对单一目标规划的风险描述类型。但是现实当中很多规划是多目标的规划,针对多目标的规划的风险测度模型为"均值—风险模型"。均值—风险模型主要包括以下三类模型:均值—方差模型、均值—半方差模型、均值—VaR 模型。

2.3.2 前景理论

1. 前景理论的概述

国内外一般把决策选择模型分为以下四类:确定型网络—确定型用户平衡（DN—DUE）模型[157]（Michele,2016）、确定型网络—随机型用户平衡（DN—SUE）模型（Wang, et. al,2015）、随机型网络—确定型用户平衡（SN—DUE）模型[158]（Rick, et. al,2015）、随机型网络—随机型用户平衡（SN—SUE）模型[159][160]（Wang,et. al,2015;Hebert,2015）。路径决策选择模型一般根据其是静态还是动态[161]（chai、Eric,2016）,确定型还是随机型[162]（Imran,carpenter,2016）,平衡还是非平衡[163]（Chan, et. al,2015）等将其分类。

上述模型基于期望效用理论进行"理性人"的基本假设和信息充分性的假设,然而现实很多事件的结果成什么样很难给出范围,导致期望效用理论与现实情况不相符合[164]（Wang，zhang，wang，2015），促使新理论的出现[165]（Michel，2016）。其中最著名的是 Kahneman 和 Tversky 提出的前景理论，其主要是描述性的理论，以演绎的方式从经验观察中得到定理[166][167]（Marc，et.al，2015）。

前景理论的三个基本定理：

（1）风险规避型的"收益决策"心态。

（2）风险追求型的"损失决策"心态。

（3）对待损失的心理决策比对待收益的心理决策更加的敏感。

前景理论包括以下五个要点：

（1）确定效应，在确定的好处（收益）和"赌一把"之间，做一个抉择，多数人会选择确定的好处[168]（Sebastian，2015）。

（2）反射效应，在确定的坏处（损失）和"赌一把"之间做一个抉择，多数人会选择"赌一把"，其是非理性的[169]（Heathcote，2015）。

（3）损失规避，即面对损失的痛苦感要大大超过面对获得的快乐感[170]（Deshanni，Robert，2015）。

（4）迷恋小概率事件，即人类具有强调小概率事件①的倾向[171]（Menga，Tana，Chen，2015）。

（5）参照依赖，多数人对得失的判断往往根据参照点决定[172]（Zhou，Fu，2014）。

2. 前景理论的决策过程

前景理论从心理行为学出发，将决策者的决策过程分解为两个阶段：编辑阶段②和评价阶段③。

3. 前景理论和效用理论的差异

效用理论和前景理论的决策过程相似，但是二者却存在三个本质的差别，主要表现在：关注目标、价值函数和决策权重函数。

---

① 何谓小概率事件？就是几乎不可能发生的事件。比如天上掉馅饼，这就是个小概率事件。

② 编辑阶段是对不同的"前景"做简化和重新编码，重新编码包括了编码、整合、分解、删除这些主要操作，在人们的决策中观察到的很多异常都源自于这一编辑阶段。

③ 评价阶段是指在前景理论中，继编辑阶段之后的第二个阶段，也就是假设决策者对每一个被编辑过的前景加以评价，评价阶段依赖价值函数和权重函数对信息予以判断，然后选择最高价值的前景，选择加权"价值函数"的最大值。

（1）关注目标方面

在前景理论中，决策者并不关心财富本身的最终价值，而是关心财富相对于参照点财富量的相对变化[173]（Jason，Gregg，2015）。

（2）价值函数

在前景理论中的价值函数类似于期望效用理论中的效用函数。其形状是"S"形的，收益方面是凸函数，损失方面是凹函数。价值函数在参照点上开始转折[174]（Paddock，et. al，2015）。

通过对比前景理论和期望效用理论的价值函数的曲线（见图2-4）可以得知，前景理论主要是假设时间决策者需要面对的收益和损失两种情况下有两种不同的风险态度，而期望效用理论是假设事件的决策者（风险规避型决策者、风险中立型决策者、风险喜好型决策者）在任何境况下的风险偏好态度都是不变的。

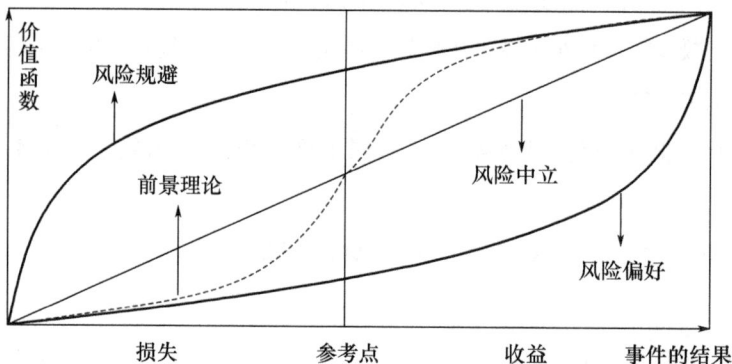

图2-4　不同风险偏好的效用函数曲线对比

我们根据不同收益和损失的组合，分析给出了前景理论下不同情况的效应函数曲线，具体如下图2-5所示：

（3）决策权重函数

前景理论中的决策权重函数①就类似于期望效用理论中的概率。决策权重是决策者根据事件结果出现的概率 P 做出的某种主观判断[175]（王笑言，王节祥，蔡宁，2016）。

---

① 它不是概率，不遵从概率论的公理。它是赋予概率的一个权重，可以认为是决策者的心理概率。对于小的概率，它始终赋予过大的权重；而对于大概率则始终赋予过小的权重。

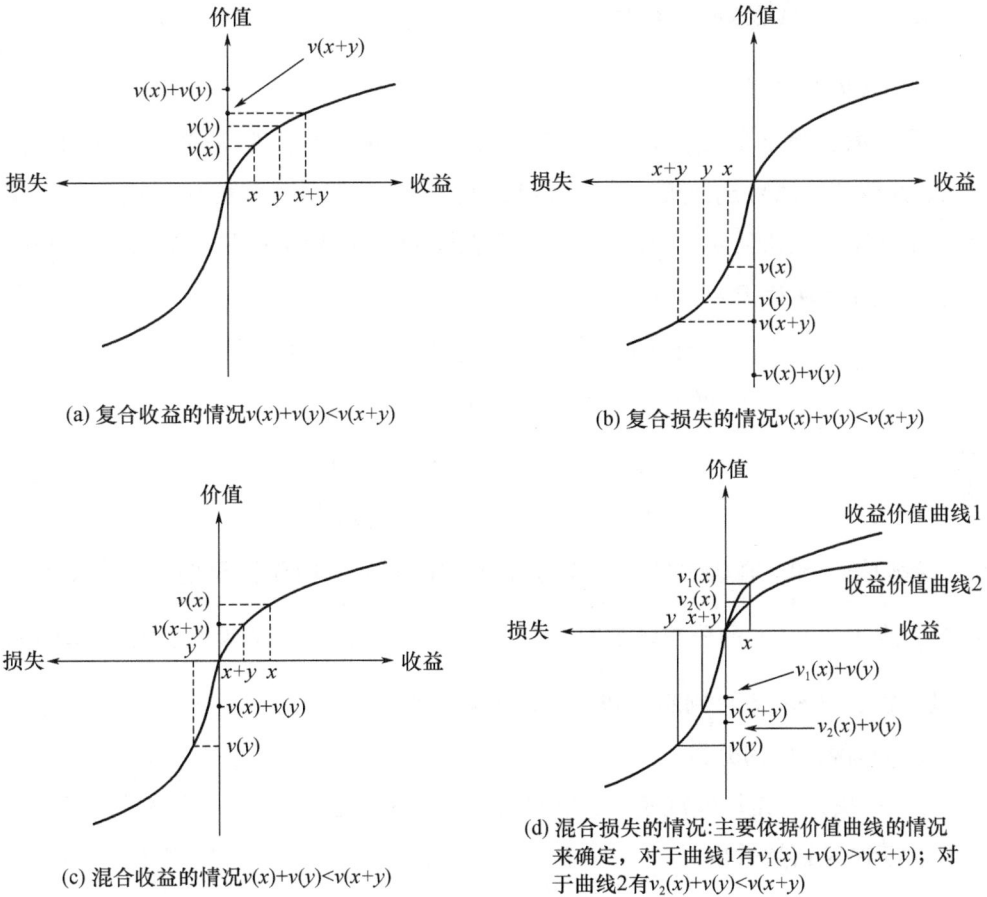

(a) 复合收益的情况 v(x)+v(y)<v(x+y)

(b) 复合损失的情况 v(x)+v(y)<v(x+y)

(c) 混合收益的情况 v(x)+v(y)<v(x+y)

(d) 混合损失的情况:主要依据价值曲线的情况
来确定,对于曲线1有 $v_1(x) + v(y) > v(x+y)$;对
于曲线2有 $v_2(x) + v(y) < v(x+y)$

图 2-5　不同风险偏好不同收益损失下的效用函数对比

综上所述,前景理论将实验心理学和认知心理学对个人决策心理的研究应用到行为经济学中,它以现实中的决策个体为研究对象,将决策者价值感受和理性决策统一于一体,可以更加准确地解释在风险和不确定条件下决策个体实际的决策机制和决策行为。前景理论在政府管理[176](Liu, Y、Fan, ZP、Zhang, Y , 2012)、投资决策[177](Erner, C、Klos, A、Langer, T, 2013)、行为选择[178](Jou, F. Z. ,、Chen, X. W. ,2013)多目标决策[179](Elhumnusrat、Koichi Yamada, 2012)等有着很多应用。

2.3.3 风险偏好理论

（1）风险的度量

假设消费者的确定性选择集合 Y 是商品空间的凸闭子集，消费者所处的风险环境为 (Ω, F)，风险选择集合为 X（或用 D），风险偏好为 $\prec$。假定风险偏好 $\prec$ 满足阿基米德公理和独立性公理。于是，存在 $\prec$ 的预期效用函数 $u: X \rightarrow R$。对任何 $\xi, \eta \in X, f, g \in D$ 及 $P \in [0,1]$，有

$$u(p\xi \oplus (1-p)\eta) = pu(\xi) + (1-p)u(\eta)$$

$$u(pf + (1-p)g) = pu(f) + (1-p)u(g)$$

$$(\xi \stackrel{-}{\prec} \eta) \Leftrightarrow (u(\xi) \leq u(\eta))$$

$$(f \leq g) \Leftrightarrow (u(f) \leq u(g))$$

我们把 $\prec$ 和 u 在确定性选择集合 X 上的限制分别叫作结果偏好和结果效用函数。当 f 是 $\xi \in X$ 的分布函数时，$E\xi = Ef = \int xd(f(x)) \in X$ 叫作 ξ 的预期收益。通过比较 ξ 与 $E\xi$，方可判断消费者对待风险的态度。

（2）风险偏好的分类

第一，决策者是风险规避型，其效用函数 $u(\cdot)$ 是凹的，即决策收益期望值的效用大于决策期望效用：

$$u[E(W)] = u(\pi_1 x_1 + \cdots \pi_n x_n) > \pi_1 u(x_1) + \cdots \pi_n u(x_n) = u(W)$$

宁愿要决策的期望收益，而不愿意要决策结果本身。因为决策含有不确定性，使其损失。这个损失大小反映其风险厌恶的程度，即风险升水（溢价）

第二，决策者是风险喜好型，其效用函数 $u(\cdot)$ 是凸的，即决策收益期望值的效用小于决策的期望效用：

$$u[E(W)] = u(\pi_1 x_1 + \cdots \pi_n x_n) < \pi_1 u(x_1) + \cdots \pi_n u(x_n) = u(W)$$

第三，决策者是风险中立型，其效用函数是线性的，即决策收益期望值的效用等于决策的期望效用：$u[E(W)] = u(W)$

三者的效用动态关系如下图 2-6 所示：

在决策者风险偏好分析中，还常常使用确定性等价和风险溢价两个概念[180]（Miao、Zhong，2015）。

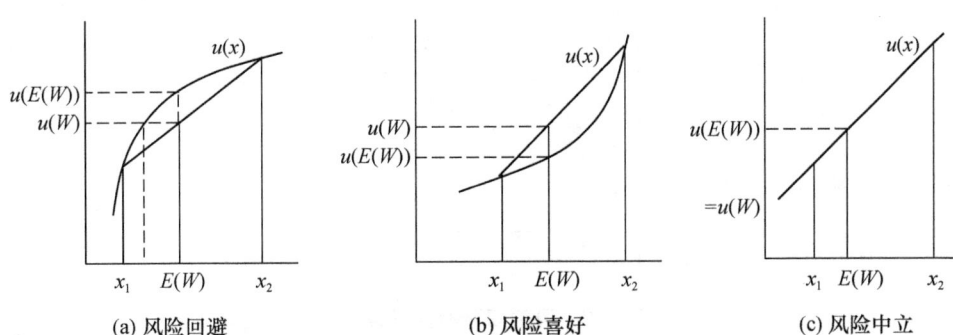

图 2-6　不同风险偏好下的效用函数曲线图

确定性等价:若决策存在确定性收益 x^*,使得 $u(x^*)=u(W)$,即 x^* 与决策无差异,称 x^* 为决策 W 的确定性等价,记为 $C(W)$。确定性等价与决策行为期望的差额为风险溢价,记为 $R(W)=E(W)-C(W)$。基于以上分析,可得到如下结论:

如果决策者是风险规避型的,则 $E(W)>C(W)$,且 $R(W)>0$;

如果决策者是风险喜好型的,则 $E(W)<C(W)$,且 $R(W)<0$;

如果决策者是风险中立型的,则 $E(W)=C(W)$,且 $R(W)=0$。

(3)风险规避度量

风险意味着因选择而造成损失,所以经济分析中一般假定决策者都是风险规避的[181](Stephen,2015)。描述决策者的风险规避程度是由主观效用决定的。

第一,绝对风险规避系数。

决策者在财富水平为 X 时的阿罗—普拉特(Arrow—Pratt coefficient,CRRA)绝对风险规避系数为:

$$r(x)=-\frac{u''(x)}{u'(x)}=-\frac{du'(x)}{u'(x)}/dx$$

这是由决策者效用函数的标准化曲率所描述的[182](Thomas,Helga,2015)。由于与财富水平 X 相联系,所以该指标又称为局部绝对风险规避度量(见图 2-7)。

第二,全部风险规避度量。

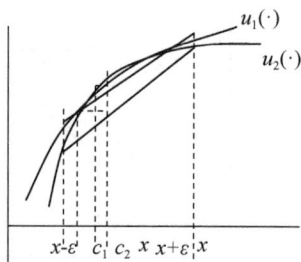

图 2-7 风险规避程度的度量

阿罗—普拉特定理[①]认为给定两个决策者的效用函数,比较谁更具风险规避性的分析,普拉特给出了规范的解释。假设两个决策者的效用函数为 $u_1(x)$ 和 $u_2(x)$,它们具有二阶可微、递增性和凹性特征。当满足下列关系之一时,决策者 2 比决策者 1 更具有风险规避性。即三种关系是等价的:

①对于所有的 $x \in R$,都有 $r_2(x) \geq r_1(x)$。即决策者 2 在某一个财富水平上的绝对风险规避系数均大于决策者 1。

②存在一个递增凹函数 $\varphi(\cdot)$,使得在所有 x 上均有 $u_2(x) = \varphi[u_1(x)]$。就是说 $u_2(x)$ 是 $u_1(x)$ 的一个凹变换,或说 $u_2(x)$ 比 $u_1(x)$ 更凹。

③对于所有的 x,$R_2(x) \geq R_1(x)$,即决策者 2 的风险溢价均大于决策者 1。

上述三者也可以转化为:

①货币效用函数 $u(\cdot)$ 显现出递减的绝对风险规避特征。

②只要 $x_2 < x_1$,$u_2(z) = u(x_2 + z)$ 就是 $u_1(z) = u(x_1 + z)$ 的凹变换。

③风险溢价 $R(x)$ 在 x 的范围上是递减的函数关系。

第三,相对风险规避。

决策者在财富水平为 x 时的阿罗—普拉特相对风险规避系数为:

$$p(x) = -\frac{u''(x) \cdot x}{u'(x)} = \frac{d\left[\dfrac{du(x)}{dx}\right]}{dx}$$

$$p(x) = x \cdot r(x)$$

---

① 阿罗—普拉特定理:对于递减绝对风险厌恶的经济主体,随着初始财富的增加,其对风险资产的投资逐渐增加,即它视风险资产为正常品;对于递增绝对风险厌恶的经济主体,随着初始财富的增加,它对风险资产的投资减少,即它视风险资产为劣等品;对于常数绝对风险厌恶的经济行为主体,它对风险资产的需求与其初始财富的变化无关。

不确定选择的结果表现为现有财富水平按一定百分比增加或损失。

第四,非递增相对风险规避。

随财富水平提高,对具有递减风险规避型的决策者来说,非递增相对风险规避偏好意味着决策者对与其财富增加成比例的相对风险规避程度将下降[183](James、Charls,2015)。因为$p(x) = x \cdot r(x)$,所以具有递减相对风险规避型的决策者将表现出递减绝对风险偏好。

第五,固定不变的绝对风险规避效用函数。

基于效用函数的风险规避程度,大多数都是随财富水平的变动而变化,有的表现为递减风险规避,有的表现为递增风险规避。

第六,固定不变的相对风险规避效用函数。

$$p(x) = -\frac{u''(x) \cdot x}{u'(x)} = \frac{x d \ln u'(x)}{dx} = p, u(x) = \frac{x^{1-p}}{1-p}$$

$u(x)$为具有固定不变的相对风险规避的效用函数。

2.4　本章小结

本章一共分为三部分,第一部分为概念界定,界定本文主要的研究主体:地方政府决策竞争和企业创新投资;第二部分为相关文献综述,主要从地方政府竞争、企业创新投资和二者的动态关系三个方面综述本文的研究文献,提出本文的创新之处;第三部分为理论基础,阐述本文的理论基础:不确定理论、前景理论和风险偏好理论。

第三章　地方政府决策竞争与企业
创新投资的动态关系

2014年中国发布了新型城镇化的发展规划,从城市化的四个视角(人口方面、空间方面、经济方面和社会方面)制定了新型城镇化的发展任务。但是由于我国中央政府和地方政府之间行政管理和经济发展上的委托代理关系,在新型城镇化发展进程中会引起地方政府的决策竞争,而地方政府决策竞争又会影响区域企业的创新性投资[184][10](周业安,2015;王栋,2016),因此,为了更好地分析新型城镇化过程中地方政府决策竞争对企业创新投资决策的作用机制,首先需要分析新型城镇化过程中引起地方政府决策竞争的路径和二者之间长期的动态关系。

3.1　新型城镇化过程中引起地方政府决策竞争的路径分析

本部分内容在竞争性政府思想[25](Breton,1996)和大国体制转型下的政府竞争理论分析范式[185](Maria et. al.,2015)的基础之上提出了针对单一制政府的政府竞争分析的框架,其内部机制如下图3-1所示。在此分析范式之下指出了我国的新型城镇化过程中引起地方政府之间决策竞争的路径,并且分析每一条路径引起地方政府决策竞争的内部作用机制。

由图3-1在所示,单一制国家地方政府决策竞争分析范式当中,将地方政府竞争分成两类:纵向竞争和横向竞争。纵向竞争主要针对中央政府与地方政府的竞争关系,由于中央政府和地方政府之间信息的不对称,当不同层级政府之间共享一个或者多个税基的时候会产生纵向政府竞争。横向竞争主要针对地方政府与地方政府之间的竞争,由于二者之间是竞争关系和地方政府的政绩晋升博弈,会导致地方政府之间的决策竞争。而且同一个政府机关,由于其所在的部门不同,也会引起不同部门之间的横向竞争。

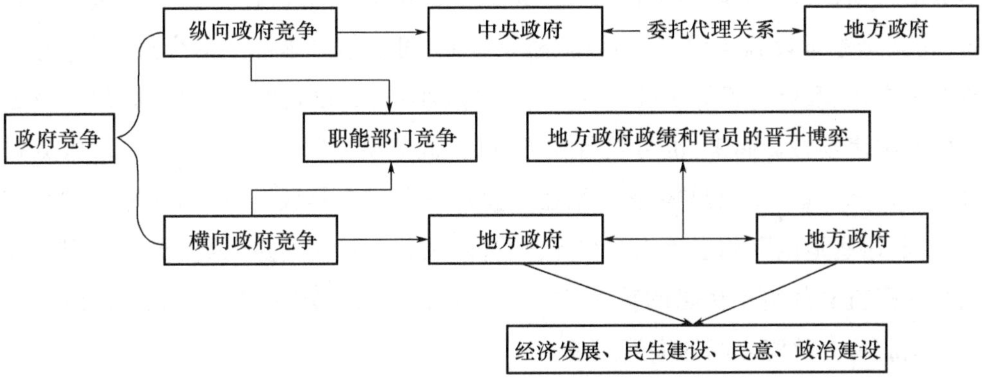

图 3-1　单一制国家地方政府竞争内部机制

3.1.1　路径 1：新型城镇化建设

新型城镇化过程中城镇建设是其重要的方面之一[186]（杜宾宾、白雪，2014），而在城镇建设中最重要的一个因素是建设资金[187]（湛泳、李珊，2016）。我国《国家新型城镇化规划 2014—2020 年》①指出新型城镇化过程中的城镇建设资金主要来源于以下三个方面：政府的财政补助、地方政府发行的债券和地方政府的融资。其中在新型城镇化建设过程中地方政府的融资行为是引起地方政府决策竞争的路径之一，其内部作用机制如下图 3-2 所示。

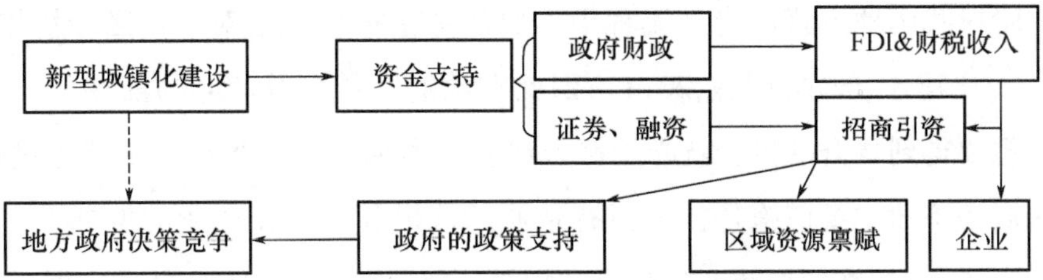

图 3-2　新型城镇化建设引起地方政府决策竞争路径

地方政府的财政主要来源于政府税收和土地财政[188]（陈多长、游亚，2016），而地方政府没有税率决定权[189][190]（Jean，2015；David，2015），并且地方政府卖地

---

①　http://finance.ifeng.com/a/20140317/11902878_0.shtml

筹资的行为也被中央政府关注[191]（Robert Philipowski，2015）。"新型城镇化过程中，尤其是基础设施建设、公用设施建设方面，可以借鉴国际上的金融工具，比如资产证券化、政府融资等来进行筹资"[192]（周小川，2013），"公共物品的建设资金可由资本市场融资而来，也可发行债券，向民间集资"[193]（厉以宁，2015），可见资金主要来源于地方政府的融资。新型城镇化进程主要是我国三、四线地区的城市化进程，这些地区资源禀赋相对贫乏，经济发展程度相对落后，因此想要吸引企业投资融资就必须给予优惠的政策[194][195]（Markus、Dax，2014；Jiang、Kim，2015），从而会引起地方政府之间的决策竞争。

3.1.2 路径2：区域经济发展

地方政府为了提升自身的政绩会大力发展本辖区的经济，在发展区域经济过程中会引起地方政府之间的决策竞争。其内部作用机制如下图3-3所示：

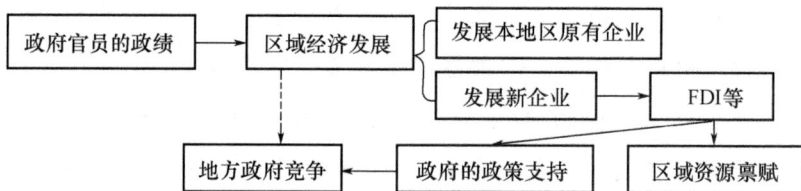

图3-3 地区经济发展引起地方政府决策竞争路径

现阶段我国地方官员晋升流程中主要的考量标准是其对本地区经济增长的贡献[196]（皮建才、殷军、周愚，2014），因此在政府官员晋升博弈的前提下，地方政府官员想要得到晋升的机会就必须努力地发展本地经济。在新型城镇化过程中，发展区域经济的主要措施是扩大原有企业的规模和促进新企业的发展[197]（柯善咨、赵翟，2014）。增加新企业的数量和规模，不仅可以增加当地的财政收入，而且还可以提高当地的就业率[198]（蒋冠红、蒋殿春，2014）。引进FDI主要靠当地的资源禀赋和地方政府的政策支持，其中以地方政府给予的财税政策支持和其他方面的政策优惠最为重要[199][200]（李善民、李昶，2013；鲁钊阳，廖杉杉，2012），当两个区域的政府同时想引进同一个FDI时，在此过程中就会引起地方政府的决策竞争[201][202]（朱平芳、张征宇、姜国麟，2011 刘骞文、闫笑，2016）。

3.1.3 路径3:区域民生建设

《国家新型城镇化规划2014—2020年》指出,在新型城镇化建设过程中要贯彻以人为本,民生建设是其重要的发展任务之一。由于各个地方政府之间晋升博弈的存在[11](陈潭、刘兴云,2012),而且民生建设在政府政绩考核中的关注度越来越大[203][204][205](Zhang et. al.,2015;Dursl、Hanboonsong,2015;Marcia et. al.,2015),因此在民生建设方面会引起地方政府之间的决策竞争,其内部作用机制如下图3-4所示:

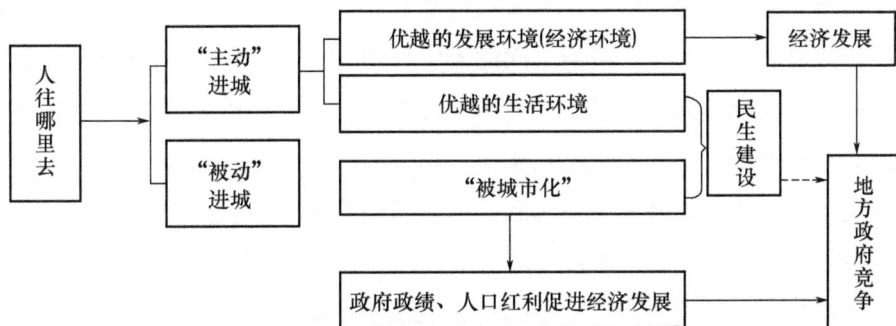

图3-4 民生建设引起地方政府决策竞争路径

在中国的城市化过程中,人们进城有两种不同的驱动机制,即"主动"进城和"被动"进城[206](杨子帆、王栋,2015)。"主动"进城的人们主要是自身心理上的主动地选择,由于城市中优越的物质生活条件和大量的就业机会[207](Wu、Li、Yan,2015),使得人们主动选择进城工作、居住,从而完成人口从农村到城市的转移[208](Zhang、Bao,2015)。"被动"进城是一种"被城市化"的过程,即某些地方在经济、社会条件还不成熟的条件下,由于地方政府的政策主导,而被迫地"拉入"城市化的一种现象[209][210](Andrew,2015;Wen et. al.,2015)。这种"被城市化"的建设会解放大量的农村剩余劳动力从而增加劳动力资源和成本优势,片面追求经济利益[211](Wang、Liu,2015),"被城市化"是地方政府为了急功近利增加当地政府的政绩的一种表现形式[212](Liu et. al.,2015)。因此,在新型城镇化进程中民生建设方面会引起当地政府之间的决策竞争。

通过上述分析可得新型城镇化过程中引起地方政府决策竞争的三条路径。

地方政府之间的决策竞争也会在很大程度上阻碍城市经济的发展和新型城镇化的建设[213]（Pothen、Fink，2015）。总的来看，地方政府决策竞争会造成以下四个方面的影响：

（1）对经济发展方面的影响

在新型城镇化建设过程中，由于地方政府之间的晋升博弈竞争和政府的分权会导致政府决策竞争[214][215]（程宇丹、龚六堂，2015；程开明，2010），使得市场无法有效地配置资源，整个区域的经济达不到帕累托最优状态[216][217]（王永钦、包特，2011；Robin、Samuel、Jeremy，2015）。地方官员任期时间一定，导致其决策竞争过程中采取依赖投资促进经济增长带来短期超额收益的外延型增长模式，这样的经济增长战略必然会导致地方政府之间的投资冲动，而为了抑制冲动政府又会采取相机抉择的宏观调控政策，从而导致经济的波动[218][219][220]（崔志坤、李菁菁，2015；Jonathan Brogaard，2015；Vikrank、Cynthia，2015）。

新型城镇化的建设多在中西部和中小城镇当中展开，这些区域的经济产业都位于产业链的下游，属于劳动和资源密集型产业，在地方竞争的过程中会导致地方的经济结构严重趋同[221][222]（Jess et. al. ，2015；Vanessa，2015）。

（2）对政府融资方面的影响

由于地方政府决策竞争行为的存在，区域内招商引资竞争行为混乱，扰乱了市场融资的正常秩序，地方政府为了引入更多的投资，很多高能耗、高污染的企业也被招商引进[223][224]（Jie et. al. ，2015；Kevin、Zhang，2015），其负面影响远远超过了正面效益，严重威胁着当地公共物品的供给效率[225][226]（Junghyun et. al. ，2015；Ben、walther，2015）。

（3）对土地方面的影响

由于地方政府决策竞争的存在，特别是其中的标尺竞争[49]（Besley，T、A. Case，1995），地方政府官员为了提高自己的政绩，相互攀比竞争，不断地扩大城镇规模，"被城市化"现象严重[6][172]（Li ，2016；Zhou et. al. ，2014），很多地方耕地出现"抛荒"现象，严重地影响了土地集约利用的效率[10]（王栋，2016）。

（4）对公共物品建设方面的影响

在新型城镇化建设过程中，地方政府决策竞争对城市公共物品的供给和基础设施建设的影响尤为明显[227]（Sergio，2015）。新型城镇化建设过程中，相互竞争的地方政府为了发展本区域的经济,吸引外商投资,都会大力建设本区域的基础设施和相关公共物品[228][229]（Giorgio,2016;Wei et. al. ,2015）。但是在中国式的财政分权下地方政府决策竞争改变了地方政府的预算模式,导致政府的公共支出出现偏差[230]（Amelie et. al. ,2015）,地方政府之间为了吸引外商投资,加之缺乏长久、全面的规划,致使基础设施的建设和相关公共物品的供给呈现一种无序化,外界需求什么就建什么,没有系统性、整体性的规划和建设实施方案,地方政府公共支出呈现"重建设、轻人力"的扭曲结构[231]（Liang、Cao,2015）。一方面,导致一些基础设施和公共物品孤立存在,利用效率很低[232][233]（Kato,2015;Zhao、Sun,2016）;另一方面,导致一些基础设施重复建设,浪费资源[234]（Zhao et. al. ,2015）。

3.2　动态关系的理论机制分析

3.2.1　地方政府决策竞争吸引企业创新投资的竞争模型分析

根据3.1节分析新型城镇化过程中引起地方政府决策竞争的路径可以看出,在我国的城市化过程中都会促使地方政府发展区域经济和加强区域的民生建设,而这一切都需要资金的支持。周小川①（2014）指出地方政府不能只靠自身的财政收入进行经济和民生建设,更需要借鉴金融工具进行政府融资。尤其在我国经济增长方式转型的今天,吸引外商企业的创新投资成为发展区域经济重要的战略[235]（Hu,2015）。然而,由于新型城镇化过程中的经济发展、民生建设和城镇化建设会引起地方政府之间的决策竞争,进而地方政府决策竞争会影响企业的创新投资,其传导过程如图3-5所示:

为了进一步研究地方政府决策竞争对外商企业创新投资的影响机制,本文建立完全信息下的双寡头的地方政府决策竞争模型分析其内部作用机制。

假设两个地方争夺一笔固定数量的创新投资（I）,并且这笔创新投资只能全部投资于一个地方。考虑这样的初始状态,对于某个地方而言,如果没有这笔创新性投资,那么地方将利用现有的资源进行生产。本文选取柯布—道格拉斯生产函数 $F = A P_i^\alpha L_i^\beta I^\gamma$,加之新型城镇化的特殊过程,企业的生产力不仅仅与资本、劳动

---

① 2014 年二十国集团（G20）峰会财长及央行行长会议发言

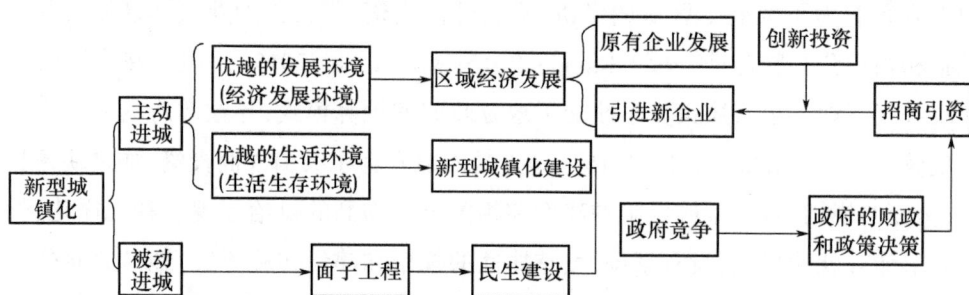

图3-5 新型城镇化过程下地方政府竞争对企业创新投资的作用机制

力有关,而且和地方的公共基础设施(如道路、交通、环境等)有关。为了便于计算起见,我们假设地方资本为1,ω 为区域的劳动力工资。

当没有创新性投资时,地方 i 将利用现有要素劳动 L_i、公共设施 P_i 生产,由柯布—道格拉斯生产函数 $F = AP_i^\alpha L_i^\beta$,假设政府对产品征收比例税 τ,地方政府对劳动征收所得税 t。其地方 i 的企业利润为:$\pi_i = (1-\tau)AP_i^\alpha L_i^\beta - (1+t)\omega L_i$。当地方 i 的政府为了吸引创新性投资,对进行创新性投资的企业给予优惠 S_i,如果企业在地区 i 进行创新性投资,那么 i 地区会有要素劳动 L_i、公共设施 P_i 和创新性投资 I 进行生产活动,由生产函数 $F = AP_i^\alpha L_i^\beta I^\gamma$,假设政府对产品征收比例税 τ,地方政府对劳动征收所得税 t。其地方 i 的企业利润为:$\pi_i = (1-\tau+S_i)AP_i^\alpha L_i^\beta I^\gamma - (1+t)\omega L_i - rI$。

中国的地方政府竞争主要的目的是最大化区域的地方生产总值和增加政府税收收入[236](Sena、Miranda,2016)。假设政府的目标函数为:$U_i = Y_i + \varphi T_i$。假设 φ 是政绩考核中对税收收入的相对权重,根据现阶段我国中央税收和地方税收的关系,地方政府的征税有一部分要上交中央政府[237](崔静静、程郁,2016),假设地方政府的分享份额为 n_i,i 和 j 表示地区。

$$T_i^i = n_i t\omega L_i^i - s_i Y_i = \left[\frac{t}{1+t}n_i\beta(1-\tau+s_i) - s_i\right]Y_i^i$$

$$T_i^i = n_i t\omega L_i^j = \frac{1}{1+t}n_i\beta(1-\tau)Y_i^i$$

i 地区在有企业创新投资时的政府效用:

$$U_i^i = \left[1 + \varphi(1-\tau) - \varphi\left(1 - \frac{t}{1+t}n_i\beta\right)(1-\tau+s_i)\right]Y_i^i$$

$$Y_i^i = AP_i^\alpha L_i^\beta I^\gamma$$

i 地区在无企业创新投资时的政府效用：

$$U_i^j = \left[1 + \varphi \frac{t}{1+t} n_i \beta (1-\tau) \right] Y_i^j, Y_i^j = AP_i^\alpha L_i^\beta$$

地方 i 最优的优惠政策满足：

$$\max(U_i^i) = \max \left[1 + \varphi(1-\tau) - \varphi \left(1 - \frac{t}{1+t} n_i \beta \right) (1-\tau+s_i) \right] AP_i^\alpha L_i^\beta I^\gamma$$

解之：$1-\tau+s_i^* = \dfrac{\beta \left[1+\varphi(1-\tau) \right]}{\varphi \left(1 - \dfrac{t}{1+t} n_i \beta \right)}, \dfrac{\partial^2 U_i^i}{\partial s_i^2} < 0$

根据 $\dfrac{\partial^2 U_i^i}{\partial s_i^2} < 0$ 可知，$U_i^i(s_i)$ 呈现"∩"形。

当 i 和 j 的地方政府都想通过优惠政策吸引创新投资，只有当二者满足吸引创新投资和不吸引创新投资之后所得的 $U_i^j = U_i^i$ 时才会出现均衡。即：

$$\left[1 + \varphi(1-\tau) - \varphi \left(1 - \frac{t}{1+t} n_i \beta \right) (1-\tau+s_i) \right] (1-\tau+s_i)^{\frac{\beta}{1-\beta}} \Big|^{\frac{\gamma}{1-\beta}}$$

$$= \left[1 + \varphi \frac{t}{1+t} n_i \beta (1-\tau) \right] (1-\tau)^{\frac{\beta}{1-\beta}}$$

当 $\gamma > 1$ 时 $U_i^i > U_i^j > 0$，当 $1-\tau+s_i = \dfrac{1-\tau+s_i^*}{\beta}$ 时 $U_i^i = 0$，此时的 i 和 j 地区也处于均衡状态。地方政府决策竞争和企业创新投资的关系如下图 3-6 所示：

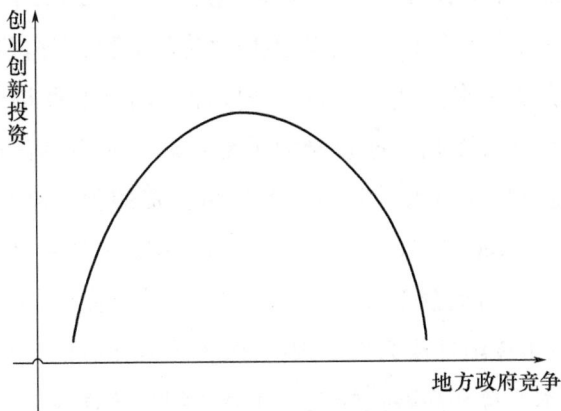

图 3-6　地方政府竞争和企业创新投资的关系

综上所述,第一,地方政府决策竞争对企业创新投资的作用主要通过优惠政策、基础设施建设和资源禀赋方式进行的。第二,地方政府在制定最大优惠政策时,需要运用成本收益的分析方法通过对比政府的优惠政策和企业创新投资所带来的收益,计算出其所能付出的最大优惠政策。第三,地方政府竞争程度与企业创新投资呈现"∩"形关系,刚开始随着地方政府决策竞争程度的加剧,对企业创新投资的吸引程度较大,但当地方政府决策竞争程度超过一定的门槛,随着决策竞争程度的增大,对企业的创新投资的吸引程度会降低。

3.2.2　不同城市群体、不同城市化阶段下的动态关系分析

苗妙(2014)、潘孝珍和庞凤喜(2015)运用国家层面的时间序列数据,对地方政府竞争与企业投资的相关关系进行了分析,指出了快速的城市化会导致区域企业投资的增加[22][238]。邓玉萍和许和联(2013)、章卫东和赵琪(2014)、石桂峰(2015)进一步利用面板数据,证实了财政竞争与企业投资之间存在"∩"形曲线关系[127][239][240]。本文在上述研究的基础之上,依据城市化率与产业结构作为分类的准则将中国的省级面板数据分成三类,分析不同城市化阶段地方政府决策竞争与企业创新投资之间三个阶段的相关关系。

1. 第一类城市群体中,不同城市化阶段下地方政府决策竞争与企业创新投资的三阶段动态关系

在第一类城市群体中,城市化水平较高,第三产业占比高于第二产业,以发展服务业和高科技的制造业为主。随着新型城镇化的进程,在这些省份中的县(区)城市化发展较快,从产业链的角度来看,一些加工制造业逐渐转向这些区域[241](Gary、Selahattin,2015),因此当地政府为了更好地发展本辖区的经济,区域之间的地方政府决策竞争程度越大其吸引外商创新投资的程度越高[242][243][244](Jin、Lei、Yu,2016;Mine Elizabeth,2014;Robert、Colin,2015),二者呈现凹函数的形式。但是随着城市化进程的加强和我国整体上加工制造业的转移[245](Hu et. al.,2015),导致这些城市逐渐地成为大型城市,失去了其原有的资源和人力成本的优势,但是还具有资本优势和高科技的人才优势,因此,随着地方政府决策竞争的加剧,吸引企业创新投资的额度还会增加,但是其增加的速度会慢慢降低,即二者呈现凸函数的形式。依据王凤荣和苗妙(2015)、Cecdja(2014)指出政府竞争与企业

投资之间存在"∩"形曲线关系理论,当城市化率达到一定程度,政府决策竞争与企业创新投资之间呈现负向关系,其速度不断降低[246][247]。其动态关系如下图3-7所示。

假设 H4-1:第一类城市群体中,政府决策竞争与企业创新投资、企业创新投资增长率之间的三阶段动态关系呈现正向增加、正向减少和负向增加状态。

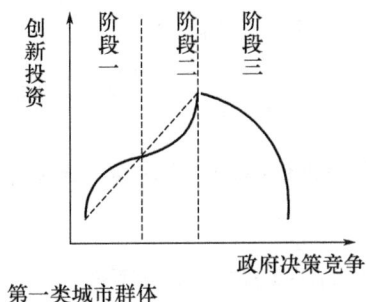

图3-7　第一类城市群体中不同城市化阶段下地方政府决策竞争
与企业创新投资的动态关系

2. 第二类城市群体中,不同城市化阶段下地方政府决策竞争与企业创新投资的三阶段动态关系

在第二类城市群体中,城市化水平中等,第三产业占比低于第二产业,以发展粗放式的制造业为主。随着新型城镇化进程的加速,粗放式的经济发展方式是促进区域经济增长的直接方法[248](Jiang,2015),此时,当有外商企业进行创新投资时,地方政府之间的决策竞争会促进外商企业的创新投资,并且随着经济增长方式的不断优化和其区域产业所在产业链上位置的不断升级[249](Yang,2015),吸引企业创新投资速率达到最大[250](Aurelien,2015),二者呈现凸函数的形式。当继续加大地方政府之间的决策竞争程度时,虽然还能继续吸引外商企业的创新投资,但是由于其与其他地区相比,丧失了很多优势,从而导致外商企业创新投资的速率不断地降低[251](Andrew,2015),二者呈现凹函数的形式。依据王凤荣和苗妙(2015)、Cecdja(2014)指出政府竞争与企业投资之间存在"∩"形曲线关系理论,当城市化率达到一定程度,政府决策竞争与企业创新投资之间呈现负向关系,其速度不断降低[246][247]。其动态关系如下图3-8所示。

假设 H4-2：第二类城市群体中，政府决策竞争与企业创新投资、企业创新投资增长率之间的三阶段动态关系呈现正向增加、正向减少和负向增加状态。

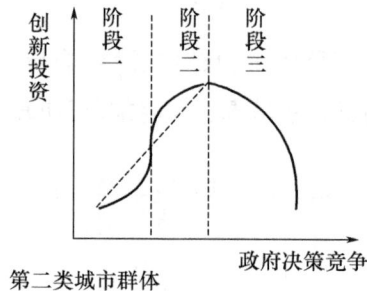

第二类城市群体

图 3-8 第二类城市群体中不同城市化阶段下地方政府决策竞争与企业创新投资的动态关系

3. 第三类城市群体中，不同城市化阶段下地方政府决策竞争与企业创新投资的三阶段动态关系

第三类城市群体中，城市化水平最低，以发展旅游业和农牧业为主。因此，随着新型城镇化进程，旅游业和服务业也不断发展，地方政府为了政治晋升的目的，不断地促进区域的经济增长[252]（Enriqueta，2015），而吸引外商企业创新投资是最好的方式，而且处在这样的情景下的政府会有一种"拿来主义"的想法，认为对外商的创新投资吸引得越多越好，从而导致了地方政府决策竞争与企业创新投资之间呈现正向关系[253]（Ma、L.，2015）。依据王凤荣和苗妙（2015）、Cecdja（2014）指出政府竞争与企业投资之间存在"∩"形曲线关系理论，当城市化率达到一定程度，政府决策竞争与企业创新投资之间呈现负向关系，其速度不断降低[246][247]。其动态关系如下图 3-9 所示。

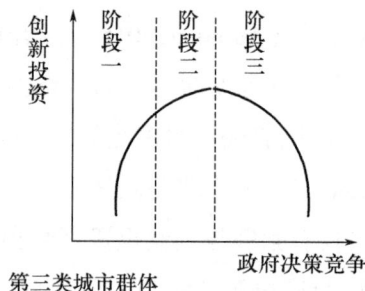

第三类城市群体

图 3-9 第三类城市群体中不同城市化阶段下地方政府决策竞争与企业创新投资的动态关系

假设 H4-3:第三类城市群体中,政府决策竞争与企业创新投资、企业创新投资增长率之间的三阶段动态关系呈现正向增加、正向增加和负向增加状态。

3.3 实证检验

3.3.1 研究方法

由于本文研究的数据是包含时间、空间和多变量的三维数据,而且还存在各个区域之间的相互影响。因此,本文选取面板数据模型[254](李明等,2014),其具有便于控制个体的异质性;包含的信息量更大[255](刘传江、胡威,2016),降低了变量间的多重共线性[256](邹瑾、于焱华、王大波,2015),增加了自由度和估计的有效性[257](王娟、李锐、王春枝,2015);便于分析动态调整[258](王亮、吴浜源,2013)等优点。并且本文所涉及的问题为企业是否对某个区域进行创新投资的二元选择问题。鉴于此,本文选取二元选择的面板数据模型对新型城镇化过程中地方政府竞争对企业创新投资的影响机制进行实证分析。

对于地方政府决策竞争的变量描述,不同的学者其变量选取不同。本文在总结已有研究的基础上,借鉴李胜兰[259](2014)、黄燕[260](2013)的研究,选取实际税率(tax)、地方政府效率(eef)、区域的资本存量(cap)、地方政府竞争程度(lgc)四个方面描述地方政府的竞争。企业创新投资方面,对于企业投资基本上所有的研究者都集中在两个方面:外商直接投资(FDI)[261](Jnathan,2015)和企业创新投资[262](Becker,2015),但是基本上都以人均企业创新投资额作为变量。控制变量方面,本文借鉴 Franciscl[263](2012)和 Carboni[264](2011)的研究,选取职工平均工资(wag)、基础设施建设(rai)、人均 GDP(per)、非国企产值占区域总体 GDP 的比重(soe);企业创新投资(ivn)作为控制变量。

综上,本文建立的二元选择面板数据模型为:

$$Y_{it} = \beta_0 + \beta tax_{it} + \beta_2 eef_{it} + \beta_3 cap_{it} + \beta_4 lgc_{it} + \beta_j \alpha_{jit} + \varepsilon_{it}$$

$$Y_{it} = ivn, (Y_{it}^* > 0), I \in (0, 1]$$

$$\alpha_{jit} = wag, rai, per, soe$$

$$i = 1, \cdots, N; j = 5 - 8; t = 1, \cdots, T$$

3.3.2 变量与数据

1. 数据的来源

本文所需的数据主要来源于以下三个方面：第一，统计年鉴的直接查询，变量实际税率（tax）、区域的资本存量（cap）和城市化率（u）来源于 2000～2014 年《中国统计年鉴》，职工平均工资（wag）和企业创新投资（ivn）来源于 2000～2014 年《中国工业经济统计年鉴》；第二，根据其他学者研究的测算，变量地方政府效率（eef）和地方政府竞争程度（lgc）的数据是作者根据刘孝萍[265]（2013）、邱栎桦[18]（2015）和 Linas[266] 等（2009）的研究测算而得；第三，根据相关数据计算所得，人均 GDP（per）、基础设施建设（rai）用每平方公里的铁路和公路里程数和非国企产值占区域总体 GDP 的比重（soe）。

2. 数据的单位根检验

为了防止面板模型的回归出现"伪回归"的现象，首先需对所有的时间序列数据进行单位根检验[267]（韩本三、黎伟、唐晓彬，2015）。本文选择 ADF 单位根检验方法对上述面板数据进行单位根检验，其检验结果如下表 3-1 所示：

表 3-1　数据单位根检验

变量	检验形式	ADF 值	临界值	变量	检验形式	ADF 值	临界值
ivn	(C、0、0)	0.63	−3.81	Δivn	(C、T、1)	−3.35	−3.02**
tax	(C、0、0)	−2.02	−1.96**	Δtax	(C、T、1)	−3.86	−3.73**
eef	(C、T、0)	−1.21	−4.5	Δeef	(C、T、1)	−4.56	−3.76**
cap	(C、T、0)	−2.27	−3.02*	Δcap	(C、0、1)	−2.76	−2.69*
lgc	(C、T、0)	−3.06	−4.53**	Δlgc	(C、T、1)	−4.04	−3.76**
wag	(C、T、0)	−2.33	−4.50	Δwag	(C、T、1)	−3.65	−3.03*
rai	(C、0、0)	−0.72	−2.70**	Δrai	(C、0、1)	−4.62	−2.70*
per	(C、T、0)	−1.02	−3.62*	Δper	(C、T、1)	−6.75	−3.58***
soe	(C、T、0)	−5.63	−6.98***	Δsoe	(C、0、1)	−2.18	−1.01*

注：检验形式（C、T、0）分别表示单位根检验方程包括常数项、时间趋势项和滞后阶数，Δ 为滞后号，加入滞后项是为了使残差变成白噪声，唯一阶差分；*、**、*** 分别表示 1%、5%、10%显著水平下显著。

根据表 3-1 的检验结果可知,原始数据和一阶滞后时面板数据是不平稳的($p0.0005$),有单位根的存在,但是当所有的面板数据在一阶滞后时 ADF 都小于临界值,可见滞后一期之后数据平稳,可以进行面板数据模型的回归。

3. 聚类分析

为了避免由于空间因素所造成的虚假回归,需要将全国省份进行聚类分析[268](陈业华,2012)。传统的分类方式将我国分成东、中、西三个经济区域,这只是考虑到了区域经济因素的影响,而没有考虑到不同区域的省(区、市)相似的内部经济结构因素的影响[269](王春枝、赵国杰,2015)。因此,本文运用聚类分析将部分省(区、市)进行分类。其聚类分析的结果如下表 3-2 所示:

表 3-2　聚类分析(不含西藏自治区)

类别	城市
Cluster1	北京、上海、天津、浙江、江苏、广东
Cluster2	安徽、福建、黑龙江、湖南、辽宁、内蒙古、吉林、山东、河北、河南、湖北、江西、陕西、山西、四川
Cluster3	云南、贵州、甘肃、海南、广西、青海、新疆、宁夏

注:将重庆直辖市并归到四川省里计算,cluster4 只有西藏,在此我们不做研究。

3.3.3　模型估计与讨论

1. 地方政府决策竞争与企业创新投资动态关系的二元选择实证分析

地方政府决策竞争与企业创新投资动态关系的回归估计的结果如下表所示:

表 3-3　面板模型回归结果

变量	全国	Cluster1	Cluster2	Cluster3
β_0	-18^{***} (-14.792)	-23^{***} (-7.101)	-16^{***} (-5.033)	-20^{***} (-13.890)

续表3-3

变量	全国	Cluster1	Cluster2	Cluster3
$\beta_1(\text{tax})$	9.01*** (1.82)	10.96*** (4.65)	12.93*** (3.09)	10.92*** (-10.12)
$\beta_2(\text{eef})$	5.23** (12.36)	12.34* (-8.64)	5.63** (-8.97)	6.62* (-10.27)
$\beta_3(\text{cap})$	3.22*** (-10.21)	9.36** (-14.52)	6.58*** (12.66)	7.56** (9.54)
$\beta_4(\text{lgc})$	10.01*** (-9.63)	-3.65*** (4.57)	9.63*** (-5.45)	6.62*** (23.45)
$\beta_5(\text{wag})$	8.76*** (13.23)	8.96* (-19.68)	6.32*** (15.42)	12.03* (20.21)
$\beta_6(\text{rai})$	10.21** (-12.36)	11.24** (-8.64)	10.85*** (8.97)	12.04*** (-10.27)
$\beta_7(\text{per})$	1.03*** (28.74)	3.87** (19.68)	2.01*** (-32.12)	4.51** (24.51)
$\beta_8(\text{soe})$	6.85*** (-26.22)	9.55*** (19.68)	7.02*** (24.12)	10.58** (20.12)
$\beta_9(u)$	4.33*** (13.33)	0.25*** (-18.73)	6.54*** (-15.04)	10.25* (26.35)
R^2	0.887	0.942	0.902	0.905
Adj-R^2	0.854	0.924	0.875	0.867
D-W	2.02	1.99	2.01	2.04
F	18.564	21.352	24.352	34.121

注:(1)括号内为估计系数的 t 统计值,(2) *、**和***分别表示在10%、5%和1%的显著性水平下显著。

通过上述二元选择的面板数据模型估计结果(表3-3)可知税收优惠、区域资本存量、政府效率、基础设施建设和城市化对吸引企业创新投资有显著的正向作用。而且依据聚类的类别不同,其作用程度也不同。在 Cluster 3 中,城市化率最低,因此提高城市化率对吸引企业创新投资的力度最大(10.25);在 Cluster 1 中,城市化率最高,基础设施建设最完善,此时地方政府通过政策优惠的竞争对吸引企业创新投资的效果不大,反而其自身的资本总存量(9.36)和政府效率(12.34)对吸引企业创新投资的效果显著。

为了进一步证明地方政府竞争对企业创新投资的影响呈现"∩"形状态,本文选取门槛面板数据模型进行分析,其模型为:

$$y_{it} = \beta_0 + \beta_1 x_{it} I(q_{it} \leqslant r) + \beta_1' x_{it} I(q_{it} > r) + \varepsilon_{it}$$

$$x_{it} = \text{tax}, \text{eef}, \text{cap}, \text{lgc}, \text{wag}, \text{rai. per}, \text{soe}, u;$$

$$i = 1 - 9$$

其中,y_{it} 为被解释变量(因变量),x_{it} 为解释变量(机制依赖变量),q_{it} 为门槛变量,r 为其函数的门槛值,β_0 为个体效应,ε_{it} 是均值为零的正态分布,即 $\varepsilon_{it} \sim N(0, \sigma^2)$,误差项 ε_{it} 是独立同分布的,所以排除了对滞后项的解释作用。I 为指示函数。根据二元选择的面板模型结果表 3-3 的分析可得第 1 类的地方政府竞争程度为 0.54,第 2 类为 0.72,而作用效果正好相反,因此本文选取的门槛值为二者之间的中间值 0.63。

利用 Stata. 14 软件对上述门槛面板数据模型进行估计,其模型变量的估计值结果如下表 3-4 所示:

表 3-4　门槛面板模型估计

变量	门槛之前的估计			门槛之后的估计		
	系数	P 值	T 值	系数	P 值	T 值
β_0	17.2***	0.001	17.32	16.5**	0.000	19.36
β_1(tax)	5.23***	0.001	21.20	6.04***	0.004	20.54
β_2(eef)	6.41***	0.000	19.68	7.09***	0.000	20.31
β_3(cap)	3.23**	0.002	41.01	4.12**	0.001	39.01
β_4(lgc)	4.12***	0.003	32.40	−3.56***	0.000	34.21
β_5(wag)	4.12*	0.001	29.64	3.23**	0.001	27.39
β_6(rai)	9.65***	0.004	20.14	10.02**	0.000	19.84
β_7(per)	3.11**	0.002	4.02	4.11***	0.002	3.58

续表3-4

变量	门槛之前的估计			门槛之后的估计		
	系数	P值	T值	系数	P值	T值
β_8(soe)	6.54***	0.000	36.55	7.05***	0.001	34.15
β_9(u)	8.47*	0.001	12.34	1.01**	0.002	11.75
R^2	0.897			0.901		
Adj-R^2	0.823			0.856		

注:*、**和***分别表示在10%、5%和1%的显著性水平下显著。

通过上述的门槛面板数据模型分析结果(表3-4)可知,在门槛之前的估计可知地方政府决策竞争对企业创新投资的作用为正向(4.12),但是在门槛之后的估计结果显示可知地方政府决策竞争对企业创新投资的作用为负向(-3.56),因此可知地方政府竞争与企业创新投资的关系呈现"∩"形关系。而且还可知在税收优惠、政府效率、区域基础设施建设和资本存量对吸引企业创新投资有显著的正向作用。但是随着城市化率的上升,其城市化的程度对吸引企业创新投资的作用程度慢慢减弱。其主要的原因有两个:首先,现阶段城市化率的计算主要是人口城市化的数量,而企业创新投资主要是吸收高技术人才,这部分人才在人口城市化中的占比很小,这就导致了城市化率对吸引创新投资的作用变小;其次,新型城镇化主要是中小城镇的城镇化,这些地区暂时还处于价值产业链的底端,相对于其他区域,其对企业创新投资的吸引力不大。

进一步依据表3-3和表3-4的实证结果来看,在全国的数据和不同城市群体(cluster1~3)中区域实际税率对吸引企业创新投资的作用程度不同,但是与其他因素例如区域资本存量(cap)、工人平均工资(wag)、基础建设(rai)、非国企企业在区域的GDP占比(soe)相比,其作用程度较大。这主要是因为进行创新投资的企业主要是新型产业和技术的行业,而这些行业要想获得收益需要相当长的一段时间[273](Nida et. al. ,2015),区域的税收减免措施可以在一定程度上降低企业的财务压力,有利于企业的长期健康发展。从不同城市群体(cluster1~3)中的区域资本存量方面可以看到,城市化水平较高的地区(cluster1)的区域资本存量对企业创新投资的吸引能力大于城市化率较低的区域。这是因为城市化水平越高,其区域的资本存量越多,而企业的创新投资也需要其他外来的资金加入;从资本获取的角度来说,当地的资本存量越丰富就越容易被获取,因此其对企业创新投资的吸引能力也越强。工人的平均工资(wag)和当地的基础设施建设(rai)这是微观上对企业创新投资的吸引能力,企业创新投资的员工都是技术工人,较高的工资更容易吸引人才,促进企业创新投资成果的实现。基础设施建设的完善性是促进企业成果转化的重要中介。因此二者对吸引企业创新投资的能力较大。非国企的创新投资是当地政府主要吸引的投资,因为当地的国企投资基本上被当地政府所垄断,不能投向其他领域,只能是本地。因此,非国有企业的数量和规模是企业创新投资最主要的来源,也是区域地方政府吸引企业创新投资最主要的竞争主体。

2. 不同城市化阶段下的地方政府竞争与企业创新投资的动态关系实证分析

为了进一步验证不同城市化阶段,地方政府决策竞争与企业创新投资之间的三阶段动态关系,本文在 Cluster1 ~ 3 的基础上再进行不同城市化阶段的实证分析。根据前面我们的分析可得地方政府决策竞争与企业创新投资之间转折点为0.63,因此只能测量地方政府决策竞争与企业创新投资的前半段动态关系,本文将地方政府竞争程度 0.30 作为一个阶段的节点,利用 Stata.14 软件分别对 Cluster1 ~ 3 下的地方政府竞争程度低于 0.30 阶段的地方政府决策竞争与企业创新投资关系(表 3-5 中的模型 1)、地方政府决策竞争程度高于 0.30 阶段的地方政府决策竞争与企业创新投资关系(表 3-5 中的模型 2)进行拟合检验,结果如表 3-5所示。

表 3-5　不同城市化阶段下地方政府决策竞争与企业创新投资之间非线性回归关系

变量	Cluster1		Cluster2		Cluster3	
	模型 1	模型 2	模型 1	模型 2	模型 1	模型 2
C	0.21	0.21	0.31	0.26	0.29	0.29
	(2.31*)	(4.62**)	(10.21*)	(5.61*)	(9.14**)	(10.33**)
$\lg c^2$	0.63	-0.131	-0.091	0.154	-0.121	-0.122
	(2.31*)	(4.62**)	(10.21*)	(5.61*)	(9.14**)	(10.33**)

续表3-5

变量	Cluster1		Cluster2		Cluster3	
	模型 1	模型 2	模型 1	模型 2	模型 1	模型 2
lg$c$	0.164 (2.31*)	0.153 (4.62**)	0.151 (10.21*)	0.178 (5.61*)	0.177 (9.14**)	0.174 (10.33**)
R^2	0.851	0.823	0.798	0.852	0.886	0.836
ARCH	1.81	2.02	1.78	1.96	2.00	1.86
D-W	2.01	1.99	2.00	1.98	2.01	1.99

注:"()"中数值为系数的 F 统计值;*、**、***分别表示 1%、5%、10%显著水平下显著。

通过上表 3-5 的实证估计结果可以显示,Cluster1~3 中的模型 1 和模型 2 的拟合优度(R^2)较好。根据异方差(ARCH)检验,ARCH 值都小于临界值 0.221,说明模型不存在异方差。根据 D-W 值都在 2.00 附近,可知模型不存在自相关性。综上可知,上述模型估计结果较为理想,可以展开模型的假设验证。

依据表 3-3 和 3-4 中模型的估计结果可以显示,地方政府决策竞争与企业创新投资的关系为非线性的二元函数关系,而且根据二元函数的特征可知,表 3-4 中结果可以显示地方政府决策竞争与企业创新投资存在明显的门槛效用,并且门槛之前和门槛之后 lg$c$ 的系数变为负的,可以证明其开口向下,即地方政府决策竞争与企业创新投资的关系为"∩"形关系。

依据表 3-5 中 Cluster1 的模型 1 和模型 2 对比,联合两个方程

$$\begin{cases} ivn = 0.31 - \dfrac{0.091}{gc^2} + \dfrac{0.151}{gc} \\ ivn = 0.29 - \dfrac{0.154}{gc^2} + \dfrac{0.178}{gc} \end{cases}$$,解之其交点的 lg$c$(地方政府决策竞争程度)为 0.43。

同理,Cluster2 中交点的 lg$c$(地方政府决策竞争程度)为 0.43,Cluster3 的两条曲线基本重合,且与表 4 中 Cluster-3 中的模型 1 相同。

综上可知,拐点(lg$c$=0.73)之前地方政府决策竞争与企业创新投资的二元关系可以分成两个阶段,阶段的节点为 U=0.43,即地方政府决策竞争与企业创新投资的前半段动态关系为:

Cluster1 中,地方政府决策竞争程度(lg$c$)低于 0.43 阶段时地方政府决策竞争

与企业创新投资的二元关系呈现凹函数的特征，lg$c$ 在 0.43~0.73 阶段时地方政府决策竞争与企业创新投资的二元关系呈现凸函数的特征，即假设 H4-1 成立：第一类城市群体中，政府决策竞争与企业创新投资、企业创新投资增长率之间的三阶段动态关系呈现正向增加、正向减少和负向增加状态；

Cluster2 中，地方政府决策竞争程度（lg$c$）低于 0.43 阶段时地方政府决策竞争与企业创新投资的二元关系呈现凸函数的特征，lg$c$ 在 0.43~0.73 阶段时地方政府决策竞争与企业创新投资的二元关系呈现凹函数的特征，即假设 H4-2 成立：第二类城市群体中，政府决策竞争与企业创新投资、企业创新投资增长率之间的三阶段动态关系呈现正向增加、正向减少和负向增加状态；

Cluster3 中，地方政府决策竞争程度（lg$c$）在低于 0.73 阶段时地方政府决策竞争与企业创新投资的二元关系都呈现凹函数的特征，即假设 H4-3 成立：第三类城市群体中，政府决策竞争与企业创新投资、企业创新投资增长率之间的三阶段动态关系呈现正向增加、正向增加和负向增加状态。

3.4　本章小结

本章一共分为三个部分，第一部分主要分析在新型城镇化过程中引起地方政府决策竞争的路径，本文分析指出了三条路径：路径一：新型城镇化建设；路径二：区域经济发展；路径三：区域民生建设。并且进一步从经济发展方面、政府融资方面、土地方面、公共物品建设方面分析地方政府决策竞争对新型城镇化的危害。第二部分从理论机制方面分析地方政府决策竞争与企业创新投资的长期动态关系，主要分为两部分：首先，建立双寡头的地方政府竞争模型，分析二者的长期动态关系；其次，从城镇化的视角出发，分析不同城市化群体在不同城市化阶段下地方政府决策竞争与企业创新投资的动态关系。第三部分为实证分析，实证检验第二部分的关系。

第四章　完全信息下的机制分析

通过对地方政府决策竞争与企业创新投资之间长期动态关系的分析可得,地方政府决策竞争与企业创新投资在不同城市群体、不同的城市化阶段下,二者呈现差异的三阶段动态关系。本章在上述研究的基础上,选取一个区域的两个地方政府和两家创新投资企业作为研究对象,从企业角度分析地方政府决策竞争对企业创新投资的影响,以及从政府视角分析如何避免地方政府决策竞争的产生和如何减少地方政府决策竞争造成的损失。

在单一制政府决策竞争和前景理论的分析范式下,中央政府与地方政府是委托代理关系,地方政府与地方政府之间是竞争关系,地方政府与创新投资企业之间是一种吸引关系(即地方政府制定相关优惠政策,以此来吸引企业的创新性投资),创新性投资的企业之间有两种关系:合作和竞争关系。政府出台宏观经济调控政策会影响企业创新投资的方向和力度。

信息不完全分析可以分成两个维度,第一个维度是信息的需求方,第二个维度是信息的内容。第一个维度主要包括四个部分:中央政府与地方政府、地方政府与地方政府、地方政府与企业、企业与企业。第二个维度又因第一个维度的信息主体不同,其所涉及的信息也不相同:

(1)中央政府与地方政府之间是信息不对称的,主要涉及的信息就是中央政府对地方政府努力状况的考核。

(2)地方政府与地方政府之间的关系是严格的竞争关系,而且二者之间的信息指的是地方政府的发展规划和为了吸引企业创新投资而付出的相关努力(财政支持、税收减免和其他优惠政策)等。

(3)地方政府与创新投资企业之间是投资方和制造方关系,二者之间的信息可以分成两部分。地方政府维度的信息是指区域最优投资金额和地方政府为吸引企业创新投资所付出的最大努力。企业维度的信息是企业何时进行创新投资和最优的投资金额。

(4)创新投资企业双方之间可以分为完全信息、单边信息不对称和双边信息不对称三种关系,二者之间的信息即为企业双方的创新投资金额。

4.1　模型构建

4.1.1　研究假设

在完全信息下,中央政府与地方政府之间是信息不对称委托代理关系,地方政府之间是严格的竞争关系,为了吸引企业的创新投资而付出各自的努力。在完全信息下,创新投资的两个企业有两个战略关系:合作关系和竞争关系。

依据 Cournot(1838)模型可知,当创新投资企业之间是相互竞争的关系时,其最优的产量是整个市场需求量的三分之一;当创新投资企业之间是合作的关系时,其最优的产量是整个市场需求量的二分之一。当市场的需求曲线为 $p=a+bQ$ 时,并且市场的需求 Q 不变时,创新投资企业之间选择合作,企业所获取的收益最大,因此在完全信息下两个创新投资企业之间会选择合作的战略关系。在完全信息下的概念研究模型如下图 4-1 所示。

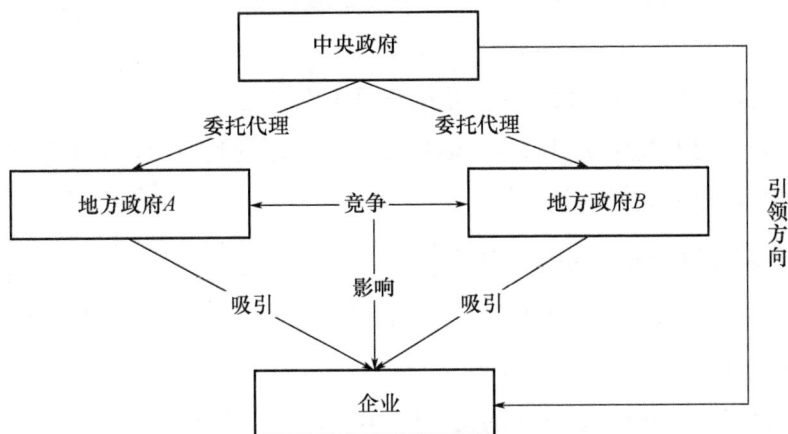

图 4-1　完全信息下地方政府决策竞争对企业创新投资影响的概念模型

依据上述概念模型(图4-1),在完全信息下区域两家创新投资企业会合作进行投资。本章关于政府、地方政府和创新投资企业三者的假设如下:

1. 政府方面的研究假设

H4-1:假设政府是"不完全理性"的决策主体,中央政府与地方政府之间是信息不对称的委托代理关系。

H4-2:政府出台相关的宏观经济政策对企业的创新投资有重要的导向性影响,而且在一定程度上影响企业创新投资的投资程度。

H4-3:由于信息的不对称,中央政府对地方政府的政绩考核主要是通过地方政府的经济成果进行判断。

H4-4:政府的目标是全社会的福利最大化。

2. 地方政府方面的研究假设

H4-5:区域地方政府是"不完全理性"的决策主体,区域政府的目标是本区域的经济目标和政治晋升利益。

H4-6:区域地方政府主要通过财政补助、税收减免和其他方面的优惠政策吸引企业的创新投资。

H4-7:区域地方政府对企业创新投资的观点是"拿来主义",即区域地方政府对企业的创新投资的态度是越多越好,地方政府认为企业的创新投资只会增加自己的正向收益而不会对自己造成损害。

H4-8:区域地方政府之间是严格的竞争关系

H4-9:当地方政府吸引的企业创新投资没有达到其应该取得的经济效果时,地方政府要受到一定的惩罚。

3. 创新投资企业方面的研究假设

H4-10:创新投资企业满足经济学"理性人"的假设,其目标是为了企业投资收益的最大化。

H4-11:创新投资企业之间的关系分为两种情况:竞争和合作关系。

H4-12:企业创新投资决策者的风险偏好态度分为三类:风险喜好型、风险中立型和风险规避型。

H4-13:企业创新投资的决策环境是不确定的决策环境,不确定的决策环境是区别于随机决策环境和模糊决策环境的另一种现实状态。

4.1.2 变量设定

1. 政府的变量设定

政府的目标函数是全社会的福利最大化,本章中政府的目标函数主要由三部分构成:地方政府收益、生产者剩余和消费者剩余。

2. 地方政府的相关变量设定

区域地方政府的目标函数主要包括三部分:企业创新投资的直接收益、企业创新投资的"溢出效应"和区域地方政府的政治晋升收益。

U_A、U_B 分别表示区域两个地方政府 A、B 的总体效用函数。

prob 函数是在不确定理论下的辨识函数。

π_A、π_B 分别表示区域两个地方政府 A、B 的直接收益函数,直接收益函数如下:$\pi_A = i\theta_A^2$,$\pi_B = i\theta_B^2$。

$k_A g_A$、$k_B g_B$ 表示区域两个地方政府 A、B 的"溢出效应"函数,其中 k_A、k_B 分别表示区域两个地方政府 A、B 的溢出系数。依据 WANG(2015)的研究基础,本章将区域地方政府吸引到的创新性投资分成两类:进取性投资和保护性投资。

$$g_A = (1 - t_A)(M_A + mM_B)^\alpha (N_A - nN_B)^\beta$$
$$g_B = (1 - t_B)(M_A + mM_B)^\alpha (N_A - nN_B)^\beta$$

式中,t_A、t_B 表示 A、B 两个辖区的税率,M 表示进取性投资,N 表示保护性投资,m 是衡量共赢性行为的参数,n 是衡量自利性行为的参数,α、β 为实常数。

3. 企业方面相关变量设定

在完全信息下,企业的目标函数是企业创新投资的收益最大化。区域两家创新投资企业的目标函数如下:

$$\pi_x = (p - c_x + r_x\theta_x) \cdot q_x - l_x + \varepsilon_x, l_x = i\theta_x^2$$
$$\pi_y = (p - c_y + r_y\theta_y) \cdot q_y - l_y + \varepsilon_y, l_y = i\theta_y^2$$

式中,x,y 是指区域两家创新投资企业;p 是市场产品价格,q 是市场需求量;c 是企业的成本函数,依据 M. G. Lin、Zhanga、Stan(2015)对企业的投资研究,可将企业的创新投资定义为如下函数:$l = g(\theta) = i\theta^2$。其中 i 是企业创新投资的投资系数,θ

是企业的创新投资金额,企业创新投资系数为单凸函数,依据 Jammernegg 理论可知企业的创新投资具有规模效应递减的效果。

ε_x、ε_y 是创新投资企业 x、y 投资收益函数的随机扰动项。

4. 企业的风险偏好描述

在完全信息下,区域内的企业都会选择合作方式进行企业的创新投资,在如此情况下运用阿罗的风险规避度量法可以更好地描述企业的风险态度(李俊青、韩其恒,2011),简化计算过程和更好地解释问题(欧阳葵、王国成,2014)。因此,我们选取阿罗—普瑞特(Ara)测度法测度企业创新投资的风险偏好。

$$\text{Ara}(x) = \frac{u''(x)}{u'(x)} = \frac{\frac{du'(x)}{u'(x)}}{dx}$$

当 $\text{Ara}(x) = \frac{u''(x)}{u'(x)} = \frac{\frac{du'(x)}{u'(x)}}{dx} < 0$,表示对待风险的态度为风险规避型。

当 $\text{Ara}(x) = \frac{u''(x)}{u'(x)} = \frac{\frac{du'(x)}{u'(x)}}{dx} > 0$,表示对待风险的态度为风险偏好型。

当 $\text{Ara}(x) = \frac{u''(x)}{u'(x)} = \frac{\frac{du'(x)}{u'(x)}}{dx} = 0$,表示对待风险的态度为风险中性的。

上式中的正负仅代表风险偏好态度的方向,其绝对值才代表程度的大小。

5. 市场需求方面

$p=a+bq$ 是市场的需求函数,p 是市场产品价格,a、b 是系数,其中 $a>0,b<0,q$ 是市场需求,产品的生产满足柯布道格拉斯生产函数(C. W. Luca,2016),$q=f(\theta)K^{x^1}L^{x^2}\mu,x^1+x^2=1$。

4.1.3 研究模型

依据上述假设和变量的设定,本章关于区域地方政府决策竞争的目标函数规划为:

$$U_A = (R_A + V_A)\text{prob}(\pi_A > \pi_B) + (R_A)\text{prob}(\pi_A < \pi_B)$$

$$U_B = (R_B + V_B)\operatorname{prob}(\pi_A < \pi_B) + (R_B)\operatorname{prob}(\pi_A > \pi_B)$$

$$R_A = \pi_A + k_A g_A + \varepsilon_A$$

$$R_B = \pi_B + k_B g_B + \varepsilon_B$$

依据上述假设和变量的设定,本章关于创新投资企业的创新投资目标函数规划为:

$$\pi_x = (p - c_x + r_x\theta_x) \cdot q_x - l_x + \varepsilon_x, l_x = i\theta_x^2$$

$$\pi_y = (p - c_y + r_y\theta_y) \cdot q_y - l_y + \varepsilon_y, l_y = i\theta_y^2$$

4.2　企业创新投资的均衡分析

4.2.1　企业最优投资地点和时机分析

1. 对于企业创新投资的地点选择分析

在完全信息的情况下,两个创新投资企业 x、y 是相互合作的关系,依据本章的概念模型(图4-1)所示,对于企业而言其选择哪个区域进行投资主要取决于区域地方政府给予的优惠程度,给予企业的优惠越多,帮助企业减少生产成本的贡献就越大。因此,分析企业选取哪个区域进行投资就是分析 A、B 两个区域政府所付出的努力哪个更大。

依据地方政府的目标规划函数为:

$$U_A = (\pi_A + k_A g_A + \varepsilon_A + V_A)\operatorname{prob}(\pi_A > \pi_B) + (\pi_A + k_A g_A + \varepsilon_A)\operatorname{prob}(\pi_A < \pi_B)$$

$$U_B = (\pi_B + k_B g_B + \varepsilon_B + V_B)\operatorname{prob}(\pi_A < \pi_B) + (\pi_B + k_B g_B + \varepsilon_B)\operatorname{prob}(\pi_A > \pi_B)$$

$$g_A = (1 - t_A)(M_A + mM_B)^\alpha (N_A - nN_B)^\beta$$

$$g_B = (1 - t_B)(M_A + mM_B)^\alpha (N_A - nN_B)^\beta$$

d 为惩罚系数,惩罚包括地区的信誉、经济建设、项目等等。

D 为区域地方政府付出的努力,D_A 为区域 A 政府付出的努力,D_B 为区域 B 政府付出的努力。

$\lg c$ 表示地方政府之间的竞争程度,$\lg c = D_A - D_B$

地方政府的目标规划函数为:

$$\max F_A = \max\{(U_A - D_A) \cdot \text{prob}(\lg c > 0) + (-dU_A) \cdot \text{prob}(\lg c < 0)\}$$

依据拉格朗日求最大值的方法,上述目标规划取最大值的边界条件为:

$$\frac{\partial F_A}{\partial \theta} = 0$$

解之:

$$\frac{\partial[\max\{(U_A - D_A) \cdot \text{prob}(\lg c > 0) + (-dU_A) \cdot \text{prob}(\lg c < 0)\}]}{\partial \theta} = 0$$

进一步求解:

$$\frac{\partial[\max\{(U_A - D_A) \cdot \text{prob}(\lg c > 0) + (-dU_A) \cdot \text{prob}(\lg c < 0)\}]}{\partial \theta} = 0$$

$$= \frac{\partial[(U_A - D_A)]}{\partial \theta}\text{prob}(\lg c > 0) + (U_A - D_A)\frac{\partial[\text{prob}(\lg c > 0)]}{\partial \theta} +$$

$$\frac{\partial[(-dD_A)]}{\partial \theta} \cdot \text{prob}(\lg c < 0) + [(-dU_A)]\frac{\partial[\text{prob}(\lg c < 0)]}{\partial \theta} = 0$$

在完全信息下,对于地方政府而言

$$\text{prob}(\pi_A > \pi_B) \text{ 与 } \text{prob}(\pi_A < \pi_B)$$

$$M_A \text{ 与 } M_B$$

$$N_A \text{ 与 } N_B$$

$$\text{prob}(\lg c > 0) \text{ 与 } \text{prob}(\lg c < 0)$$

都是相互独立的,即非此即彼的关系。

本文以地方政府 A 为例,分析其最优的地方政府决策竞争的决策点,对于地方政府 A 而言:

$$\frac{\partial[\max\{(U_A - D_A) \cdot \text{prob}(\lg c > 0) + (-dU_A) \cdot \text{prob}(\lg c < 0)\}]}{\partial \theta} = 0$$

$$= \left(2i\theta_A + k_A\frac{\partial g_A}{\partial \theta} + \frac{\partial V_A}{\partial \theta} - \frac{\partial D_A}{\partial \theta}\right) \cdot \text{prob}(\lg c > 0) +$$

$$(i\theta_A^2 + k_A g_A + \varepsilon_A + V_A - D_A)\frac{\partial[\text{prob}(\lg c > 0)]}{\partial \theta} -$$

$$d\frac{\partial D_A}{\partial \theta} \cdot \text{prob}(\lg c < 0) + (-dU_A)\frac{\partial[\text{prob}(\lg c < 0)]}{\partial \theta} = 0$$

依据隐函数的对称性可知，$\dfrac{\partial\left[\,\mathrm{prob}(\lg c>0)\,\right]}{\partial\theta}=\dfrac{\partial\left[\,\mathrm{prob}(\lg c<0)\,\right]}{\partial\theta}$

地方政府决策竞争程度和企业创新投资之间的关系为：

$$\left(2i\theta_A + k_A\frac{\partial g_A}{\partial\theta} + \frac{\partial V_A}{\partial\theta} - \frac{\partial D_A}{\partial\theta}\right)\cdot\mathrm{prob}(\lg c > 0) +$$

$$\left[\,U_A(1-d) - D_A\,\right]\frac{\partial\left[\,\mathrm{prob}(\lg c > 0)\,\right]}{\partial\theta} = 0$$

求解上述一元一次的微分方程为：

$$\left(2i\theta_A + k_A\frac{\partial g_A}{\partial\theta} + \frac{\partial V_A}{\partial\theta} - \frac{\partial D_A}{\partial\theta}\right)\cdot\mathrm{prob}(\lg c > 0) +$$

$$\left[\,(i\theta_A^2 + k_A g_A + \varepsilon_A + V_A)(1-d) - D_A\,\right]\frac{\partial\left[\,\mathrm{prob}(\lg c > 0)\,\right]}{\partial\theta} = 0$$

简化为：

$$\frac{\partial\left[\,\mathrm{prob}(\lg c > 0)\,\right]}{\partial\theta} = \frac{\left(2i\theta_A + k_A\dfrac{\partial g_A}{\partial\theta} + \dfrac{\partial V_A}{\partial\theta} - \dfrac{\partial D_A}{\partial\theta}\right)}{(i\theta_A^2 + k_A g_A + \varepsilon_A + V_A)(1-d) - D_A}\cdot\mathrm{prob}(\lg c > 0)$$

解之：$\mathrm{prob}(\lg c>0)=\psi\left(-\dfrac{\left(2i\theta_A+k_A\dfrac{\partial g_A}{\partial\theta}+\dfrac{\partial V_A}{\partial\theta}-\dfrac{\partial D_A}{\partial\theta}\right)}{(i\theta_A^2+k_A g_A+\varepsilon_A+V_A)(1-d)-D_A}\right)e^\theta$

其中 ψ 为常数。可知，

$$M(\varepsilon \in B) = \begin{cases} \displaystyle\int_B\lambda(x)\,dx\sup_{x\neq y}\lambda(x)\,, if\displaystyle\int_B\lambda(x)\,dx + \sup_{x\neq y}\lambda(x) < 0.5 \\[3mm] 1 - \displaystyle\int_B\lambda(x)\,dx\sup_{x\neq y}\lambda(x)\,, if\displaystyle\int_B\lambda(x)\,dx + \sup_{x\neq y}\lambda(x) \geqslant 0.5 \end{cases}$$

综上所述，

$$\psi\left(-\frac{\left(2i\theta_A + k_A\dfrac{\partial g_A}{\partial\theta} + \dfrac{\partial V_A}{\partial\theta} - \dfrac{\partial D_A}{\partial\theta}\right)}{(i\theta_A^2 + k_A g_A + \varepsilon_A + V_A)(1-d) - D_A}\right)e^\theta = \begin{cases} \displaystyle\int_A\lg c(\theta)\,d\theta + \sup_{A\neq B}\lg c(\theta)\,, \\[2mm] \text{当}\displaystyle\int_B\lg c(\theta)\,d\theta + \sup_{A\neq B}\lg c(\theta) < 0.5 \\[2mm] 1 - \displaystyle\int_A\lg c(\theta)\,d\theta + \sup_{A\neq B}\lg c(\theta)\,, \\[2mm] \text{当}\displaystyle\int_B\lg c(\theta)\,d\theta + \sup_{A\neq B}\lg c(\theta) \geqslant 0.5 \end{cases}$$

即企业的地方政府竞争程度与企业的投资关系为：

$$\psi\left(-\frac{\left(2i\theta_A + k_A\frac{\partial g_A}{\partial\theta} + \frac{\partial V_A}{\partial\theta} - \frac{\partial D_A}{\partial\theta}\right)}{\left(i\theta_A^2 + k_Ag_A + \varepsilon_A + V_A\right)\left(1-d\right) - D_A}\right)e^{\theta} = \int_A \lg c(\theta)\,d\theta + \sup_{A\neq B}\lg c(\theta)$$

解积分方程可得区域 A 的地方政府竞争范围为：

$$\left[\psi\left(-\frac{\left(2i\theta_A + k_A\frac{\partial g_A}{\partial\theta} + \frac{\partial V_A}{\partial\theta} - \frac{\partial D_A}{\partial\theta}\right)}{\left(i\theta_A^2 + k_Ag_A + \varepsilon_A + V_A\right)\left(1-d\right) - D_A}\right)\theta^{\#}, \right.$$

$$\left. \theta^{\#}\psi\left(-\frac{\left(2i\theta_A + k_A\frac{\partial g_A}{\partial\theta} + \frac{\partial V_A}{\partial\theta} - \frac{\partial D_A}{\partial\theta}\right)}{\left(i\theta_A^2 + k_Ag_A + \varepsilon_A + V_A\right)\left(1-d\right) - D_A}\right)e^{\theta^{\#}}\right]$$

在上述范围内，企业选择在区域 A 进行投资，其中 $\theta^{\#}$ 为市场总的创新投资额度。

同理，也可求 B 区域的地方政府决策竞争的范围为：

$$\left[\psi\left(-\frac{\left(2i\theta_B + k_B\frac{\partial g_B}{\partial\theta} + \frac{\partial V_B}{\partial\theta} - \frac{\partial D_B}{\partial\theta}\right)}{\left(i\theta_B^2 + k_Ag_B + \varepsilon_B + V_B\right)\left(1-d\right) - D_B}\right)\theta^{\#}, \right.$$

$$\left. \theta^{\#}\psi\left(-\frac{\left(2i\theta_B + k_B\frac{\partial g_B}{\partial\theta} + \frac{\partial V_B}{\partial\theta} - \frac{\partial D_B}{\partial\theta}\right)}{\left(i\theta_B^2 + k_Bg_B + \varepsilon_B + V_B\right)\left(1-d\right) - D_B}\right)e^{\theta^{\#}}\right]$$

在上述范围内，企业选择在区域 B 进行投资，其中 $\theta^{\#}$ 为市场总的创新投资额度。

2. 对于企业创新投资的投资时机分析

对于企业投资的时机分析主要运用实物期权模型[279]（李岱，2014）。David（2016）年提出的实物期权分析模型，实物期权模型是在金融期权模型的基础之上发展而成，分析企业延迟投资的实时价值[280]。王楠、李艳华（2011）也利用实物期权模型分析了企业技术创新项目的政府资助时机问题[281]。

本文将企业创新投资视为一个嵌入式期权流①，假设产品的市场价格 P 的变

---

① 嵌入式期权是指在其他金融工具上"嵌入"一个选择权，而不一定是一个完整的期权工具。这种嵌有期权的创新金融工具有时也称"期权杂交"（option hybrid），它是品种最多、最为常见且运用最为广泛的一类期权，代表着期权发展的一个方向。

化视为几何布朗运动[282][283]（黄生权等,2013;叶飞等,2015）,u 为创新投资项目价值预期的增长率,σ 是企业创新投资项目的预期变动的波动率,dz 为不确定性理论下的标准的布朗运动增量。运用实物期权模型分析在新型城镇化过程中有地方政府决策竞争影响下的企业创新投资的时机选择问题。

企业创新投资项目的几何布朗运动:$dp = updt + \sigma pdz$

企业创新投资项目的无风险回报率为:δ

企业创新投资的收益函数:$\pi = (p - c + r\theta) \cdot q - l + \varepsilon, l = i\theta^2$

不同风险偏好下企业创新投资收益函数的时间段利润函数为(r 为市场的利率,Ara 为阿罗—普瑞特风险规避系数):

$$J(p, l, T) = \pi e^{-rT}$$

$$\pi = (p - c + r\theta) \cdot q - Aral + \varepsilon, l = i\theta^2$$

企业创新投资追求预期收益最大化的目标函数为:

$$J(p, l, T) = \max_{p} E_{T+1}[(p - c + r\theta) \cdot q - i\theta^2 Ara + \varepsilon]$$

依据国债市场的收益率,加之在不确定性理论的决策环境下,依据伊藤定理①可以得到:

$$d[J(p, l, T)] = d\{E_{T+1}[(p - c + r\theta) \cdot q - i\theta^2 Ara + \varepsilon]\}$$

$$d[J(p, l, T)] = \frac{\partial[J(p, l, T)]}{\partial p}dp + \frac{\partial[J(p, l, T)]}{\partial T}dT + \frac{\partial^2[J(p, l, T)]}{2\partial p^2}dp^2$$

依据不确定性理论下的第三类辨识函数的标准集合布朗运动的数学特性可知,

$$(dz)^2 = 0 \text{、} (dT)^2 = 0 \text{、} dzdT = 0$$

将上式代入:

$$d[J(p, l, T)] = \frac{\partial[J(p, l, T)]}{\partial p}dp + \frac{\partial[J(p, l, T)]}{\partial T}dT + \frac{\partial^2[J(p, l, T)]}{2\partial p^2}dp^2$$

简化为:

$$d[J(p, l, T)] = \left[\frac{\partial[J(p, l, T)]}{\partial T} + up\frac{\partial[J(p, l, T)]}{\partial p} + \frac{\sigma^2\partial^2[J(p, l, T)]}{2\partial p^2}\right]dT +$$

---

① 伊藤定理主要是规定了对随机过程函数求微分的方法。以关于布朗运动的函数为例,伊藤定理的微分过程与普通的微分过程(求导)相比,结果中多出来一项 $0.5 \times \beta^2 d\beta$,俗称 Ito's item。可以说伊藤定理是当代随机过程领域中各种运算的基础,尤其是金融资产定价中,几乎每个定价公式的推导中都要用到。

$$\sigma p \frac{\partial [J(p,l,T)]}{\partial p} dz$$

进一步分析前一期和后一期的差值可得：

$$d[J(p,l,T+1)] - d[J(p,l,T+1)] = M(T,\tau,T^*) =$$

$$
\begin{cases}
1 - \int_{T}^{\tau+T^*} \left[\frac{\partial[J(p,l,s)]}{\partial s} + up \frac{\partial[J(p,l,s)]}{\partial p} + \frac{\sigma^2 \partial^2[J(p,l,s)]}{2\partial p^2} \right] ds - \\
\quad \int_{T}^{\tau+T^*} \left[\sigma p \frac{\partial[J(p,l,s)]}{\partial p} \right] dz + \sup_{x \neq y} J(p,l,s), \\
\quad \text{当} \int_{B} \lambda(x) dx + \sup_{x \neq y} < 0.5 \text{ 时} \\[2ex]
\int_{T}^{\tau+T^*} \left[\frac{\partial[J(p,l,s)]}{\partial s} + up \frac{\partial[J(p,l,s)]}{\partial p} + \frac{\sigma^2 \partial^2[J(p,l,s)]}{2\partial p^2} \right] ds + \\
\quad \int_{T}^{\tau+T^*} \left[\sigma p \frac{\partial[J(p,l,s)]}{\partial p} \right] dz + \sup_{x \neq y} J(p,l,s), \\
\quad \text{当} \int_{B} \lambda(x) dx + \sup_{x \neq y} \geqslant 0.5 \text{ 时}
\end{cases}
$$

其中 M 为不确定理论下的辨识函数：

$$
M(\varepsilon \in B) = \begin{cases}
\int_{B} \lambda(x) dx \sup_{x \neq y} \lambda(x), & \text{当} \int_{B} \lambda(x) dx + \sup_{x \neq y} \lambda(x) < 0.5 \\[2ex]
1 - \int_{B} \lambda(x) dx \sup_{x \neq y} \lambda(x), & \text{当} \int_{B} \lambda(x) dx + \sup_{x \neq y} \lambda(x) \geqslant 0.5
\end{cases}
$$

在不确定理论下求解上述方程的均衡点：

若 p^* 为待求的临界值，当 $p < p^*$ 时：

$$up \frac{\partial[J(p,l,T)]}{\partial p} + \frac{\partial[J(p,l,T)]}{\partial T} + \frac{\sigma^2 \partial^2[J(p,l,T)]}{2\partial p^2} = 0$$

根据实物期权的理论可知，企业的无风险套利条件为：

$$J(p^*,l,T) = e^{-rT}[(p-c) \cdot q - \delta Ara + \varepsilon]$$

其解为：$J(p^*,l,T) = e^{-rT}F(p)$。

依据不确定性理论可知 $F(p) = Lp^{\varphi}$，L 为常数，φ 为方程 $\frac{\sigma^2 \varphi(\varphi-1)}{2}(u-\sigma) - r =$

0 中大于 1 的根。

解之，$\varphi = \dfrac{1}{2} - \dfrac{u-\delta}{\sigma^2} + \sqrt{\left(\dfrac{u-\delta}{\sigma^2} - \dfrac{1}{2}\right)^2 + \dfrac{2r}{\sigma^2}}$。

综上所述，在满足初始条件 $F(0)=0$，满足平滑的粘贴条件 $F(p^*)=(p^*-c+r\theta) \cdot q-Aral+\varepsilon, l=i\theta^2$，满足价值匹配条件 $F'(p^*)=1$。可以计算无风险套利的边界条件为：$p^*=\dfrac{\varphi}{\varphi-1}(c+Arai\theta^2)$，也可以得出企业创新投资的最佳时机为：$T^*=\inf\{T:p(T)\geqslant P^*=\dfrac{\varphi}{\varphi-1}(c+Arai\theta^2)\}$。只有当企业创新投资项目的预期市场价值大于投资临界值 p^* 时，企业才应该选择立即投资，则 $T^*=\inf\{T:p(T)\geqslant P^*=\dfrac{\varphi}{\varphi-1}(c+Arai\theta^2)\}$，为企业不同风险偏好态度进行创新投资的最佳时机。

4.2.2　企业最优投资额度分析

第一，创新投资决策的分析。

在企业合作方式下，企业创新投资决策的目标函数为：

$$\pi = (p-c+r\theta) \cdot q - I + \varepsilon, I = i\theta^2$$

将决策者的风险偏好因素加入到企业的决策目标函数中，假设决策者的阿罗—普瑞特风险规避系数为 Ara，上述的企业的创新投资决策的目标函数为：

$$\pi = (p-c+r\theta) \cdot q - Ara \cdot I + \varepsilon, I = i\theta^2$$

运用拉格朗日求解上述规划的最大值可得，企业创新投资的最优投资额度是满足以下方程的企业投资额度：

$$\frac{d[(p-c+r\theta) \cdot q - Ara \cdot I + \varepsilon\pi]}{d\theta} = 0$$

$$I = i\theta^2, i > 0$$

$$q = f(\theta)K^{x^1}L^{x^2}\mu, x^1 + x^2 = 1$$

解上述方程：

$$\frac{d[(p-c+r\theta) \cdot q - Ara \cdot I + \varepsilon]}{d\theta} = 0$$

$$\frac{d[(p-c+r\theta) \cdot f(\theta)K^{x^1}L^{x^2}\mu - Ara \cdot i\theta^2 + \varepsilon]}{d\theta} = 0$$

进一步解之：

$$(p - c + r) \cdot f(\theta) K^{x^1} L^{x^2} \mu + (p - c + r\theta) \cdot f(\theta) K^{x^1} L^{x^2} \mu - 2Ara \cdot i\theta = 0$$
$$x^1 + x^2 = 1$$

即企业创新投资的最优投资额度为下述常微分方程的解。

$$(p - c + r) \cdot f(\theta) K^{x^1} L^{x^2} \mu + (p - c + r\theta) \cdot f(\theta) K^{x^1} L^{x^2} \mu - 2Ara \cdot i\theta = 0$$
$$x^1 + x^2 = 1$$

假设，$G1 = (p-c+r) K^{x^1} L^{x^2} \mu$、$G2 = (p-c+r\theta) K^{x^1} L^{x^2} \mu$、$G3 = 2Ara \cdot i$，上述常微分方程就变为：

$$G1 \cdot f(\theta) + G2 \cdot f(\theta) - G3 \cdot \theta = 0$$
$$x^1 + x^2 = 1$$

第二，市场均衡的分析。

鉴于上述研究，要对企业创新投资的最优投资额度进行求解，需要知道市场的需求量 q，或者市场需求量的生产函数中的技术进步函数 $f(\theta)$ 就可以求出企业的最优投资额度。

依据合作的双寡头古诺模型可知，在合作情况下市场才能达到出清，企业的利润才能达到最大。因此，只要求出市场出清时的最优需求量，就是企业需要的最优生产量。市场的需求函数为：$p = a + bp$，依据凯恩斯的需求理论，完全竞争市场的市场出清为边际成本等于边际产量[283][284]（叶飞、令狐大智，2015；王国红、王擎，2016），也就是为：

$$\pi = pq,$$
$$P = a + bq,$$
$$q = f(\theta) K^{x^1} L^{x^2} \mu, x^1 + x^2 = 1$$

利用拉格朗日方程可以求解上述的市场出清的产量 q。

$$\frac{d\pi}{dq} = 0, \frac{dpq}{dp} = 0$$

$$\frac{d[(a + bq) q]}{dq} = 0, a + bq + bq = 0$$

解之：$q = \dfrac{-a}{2b}$。

将最优市场需求量代入到企业的决策函数中，可求得企业的最优投资额度为：

$$\frac{d\left[(p-c+r\theta)\cdot\dfrac{a}{-2b}-Ara\cdot I+\varepsilon\right]}{d\theta}=0$$

$$\frac{d\left[(p-c+r\theta)\cdot\dfrac{a}{-2b}-Ara\cdot i\theta^2+\varepsilon\right]}{d\theta}=0$$

$$-\frac{ar}{2b}-2Ara\cdot i\theta=0$$

解之：$\theta^{\#}=-\dfrac{ar}{4ibAra}$

依据不同的企业决策的风险偏好态度，企业最优的创新投资额度为：

（1）当企业投资决策者的态度偏好为风险喜好型时，即阿罗—普瑞特系数 $Ara=\dfrac{u''(X)}{u'(X)}=\dfrac{du'(X)}{u'(X)}/dx>0$，加之 $a>0$，$b<0$，此时 $\theta^{\#}>0$，即企业的创新投资额为：

$\theta^{\#}=-\dfrac{ar}{8ibAra}$。

（2）当企业投资决策者的态度偏好为风险规避型时，即阿罗—普瑞特系数 $Ara=\dfrac{u''(X)}{u'(X)}=\dfrac{du'(X)}{u'(X)}/dx<0$，其绝对值 $|Ara|$ 为程度大小，加之 $a>0$，$b<0$，此时 $\theta^{\#}>0$，即企业的创新投资额为：$\theta^{\#}=-\dfrac{ar}{8ib|Ara|}$。

（3）当企业投资决策者的态度偏好为风险中性时，即阿罗—普瑞特系数 $Ara=\dfrac{u''(X)}{u'(X)}=\dfrac{du'(X)}{u'(X)}/dx=0$，加之 $a>0$，$b<0$，此时 $\theta^{\#}=\infty$ $\theta^{\#}=\infty$，在完全市场下，风险态度偏好中性的企业是最希望出现的情景，因此其会大量地投资，而且投资无上限，但是由于合作战略关系的存在，因此企业的最优投资额度应该是 $\theta^{\#}=-\dfrac{ar}{8ibAra}$。

4.2.3　企业对创新投资失败的识别分析

在完全信息下，创新投资企业可以完全地了解市场的需求信息，可以明确地做出判断并且进行投资决策，因此企业对创新投资是否失败的判断只需要分析市场中的产量即可。

依据均衡市场上的最优产品数量 $q = -\dfrac{a}{2b}$，和柯布道格拉斯生产函数 $q = f(\theta)$ $K^{x^1}L^{x^2}\mu, x^1 + x^2 = 1$，可以求得最优的创新投资额度和市场产量之间的相关关系：

$$q = \frac{-a}{2b}f(\theta)K^{x^1}L^{x^2}\mu, \quad x^1 + x^2 = 1$$

解上述函数：

$$f(\theta) = \frac{-a}{2b(K^{x^1}L^{x^2}\mu)}, \quad x^1 + x^2 = 1$$

即当企业的投资额度满足 $f(\theta) > \dfrac{-a}{2b(K^{x^1}L^{x^2}\mu)}, x^1 + x^2 = 1$ 时，与前期的投入相比，企业的投资所获得的收益开始下降。

当达到 $\pi = (p-c+r\theta^{\#}) \cdot q - I + \varepsilon < 0, I = i\theta^2$ 时，即可以认为企业的创新投资是失败的，可知 $\pi = (p-c+r\theta^{\#}) \cdot q - I + \varepsilon < 0, I = i\theta^2$ 是关于 θ 的一元二次函数，开口向下。

其小于 0 的取值范围为：$\left[-\infty, \dfrac{-rq - \sqrt{r^2q^2 + 4i(pq-cq)}}{2i} \right]$ 和 $\left[\dfrac{-rq - \sqrt{r^2q^2 + 4i(pq-cq)}}{2i}, \right.$

$\left. f(\theta^{\#}) = \dfrac{-a}{2b(K^{x^1}L^{x^2}\mu)} \right]$ 显然企业的最小投资额为 0，因此范围

$\left[-\infty, \dfrac{-rq - \sqrt{r^2q^2 + 4i(pq-cq)}}{2i} \right]$ 不成立，只有范围 $\left[\dfrac{-rq - \sqrt{r^2q^2 + 4i(pq-cq)}}{2i}, f(\theta^{\#}) = \right.$

$\left. \dfrac{-a}{2b(K^{x^1}L^{x^2}\mu)} \right]$ 成立，即边界值为：$\theta^{\#} \dfrac{-rq - \sqrt{r^2q^2 + 4i(pq-cq)}}{2i}$，超过这个边界值则创新投资企业就选择退出投资。

4.2.4　企业创新投资的退出机制分析

企业创新投资的资金来源对企业创新投资的退出机制有直接的影响[285]（Xuemei Jiang,2015）。企业创新投资的来源主要来自外界市场的风险投资和企业自我的盈利收入[286]（Mine Karataş-Özkan,2015）。当企业创新投资的资金来源于风险投资时，那么创新投资的退出机制为停止风险投资[287]（Moataz,2015）；当企业创新投资的资金来源于企业自身的盈利所得，那么创新投资的退出机制为停

止创新投资和被其他企业并购两种机制[288]（F. Cecelja,2015）。

在完全信息下,创新投资的企业与企业之间是合作的关系,而且合作之后的企业可以明确地分析出市场最优的投资额度,当超过这个投资额度时,企业在一定范围内还是会受益,只是其受益程度会大大降低,其他创新投资企业也会进入市场,因此企业可以选择被并购和直接退出的方式,具体的如下图4-2所示:

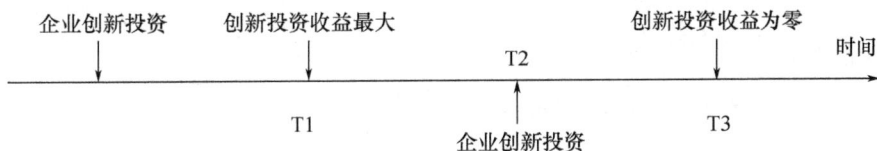

图4-2　企业创新投资的退出机制

依据合作的双寡头古诺模型可知,市场的最优投资额度为:

$$\pi = pq,$$
$$P = a + bq,$$
$$q = f(\theta) K^{x^1} L^{x^2} \mu, x^1 + x^2 = 1$$

解之:$q = \dfrac{-a}{2b}$

依据企业创新投资的生产函数,$q = \dfrac{-a}{2b} f(\theta) K^{x^1} L^{x^2} \mu, x^1 + x^2 = 1$,在不同的风险偏好态度下的最优投资额度为:$\theta = -\dfrac{ar}{8ibAra}$。

企业创新投资的收益为零时,依据完全竞争市场(信息完全对称),市场出清的条件为:$MR = MC$。

解之:
$$\begin{cases} MR = \dfrac{\partial \pi}{\partial q} = \dfrac{\partial(pq)}{\partial q} = p, MC = \dfrac{\partial q}{\partial \theta} = \dfrac{\partial \left[f(\theta) K^{x^1} L^{x^2} \mu \right]}{\partial \theta}, x^1 + x^2 = 1 \\ p = \dfrac{\partial f(\theta)}{\partial \theta} K^{x^1} L^{x^2} \mu \end{cases}$$

进一步求解:$\theta' = \dfrac{p}{K^{x^1} L^{x^2} \mu} \theta + \zeta$,$\zeta$ 为常数。

创新投资企业被并购时会给予一次性的收益补偿和一定的收益权,假设一次性给予企业的补偿为 BC(Benefit Compensation),一定的收益权 ω。依据收益最大化的决策目标,当企业被并购之后的收益大于继续投资的收益时,企业选择被并购。其决策函数如下:

$$pq\omega + BC = pq, p = a - bp$$
$$q = f(\theta)K^{x^1}L^{x^2}\mu, x^1 + x^2 = 1$$

化简为:
$$\begin{cases} bp^2 - aq + \dfrac{BC}{1-\omega} \\ q = f(\theta)K^{x^1}L^{x^2}\mu, x^1 + x^2 = 1 \end{cases}$$

解之:$f(\theta) = \dfrac{a + \sqrt{a^2 + \dfrac{4bBC}{1-\omega}}}{2bK^{x^1}L^{x^2}\mu}, x^1 + x^2 = 1$

综上研究可知,第一,在企业创新投资金额小于 $\theta^{\#} = \left| -\dfrac{ar}{8ibAra} \right|$ 时,企业选择继续进行创新投资;第二,在企业创新投资金额满足 $f(\theta^{\#}) = \dfrac{a + \sqrt{a^2 + \dfrac{4bBC}{1-\omega}}}{2bK^{x^1}L^{x^2}\mu}$ 时,创新投资企业选择被并购;第三,在总市场中企业投资金额为 $\theta' = \dfrac{p}{K^{x^1}L^{x^2}\mu}\theta^{\#} + \zeta$ 时,企业选择直接停止创新投资。

4.3 中央政府对地方政府的控制分析

4.3.1 如何避免地方政府决策竞争的产生分析

通过对企业创新投资地点选择的分析结果可得,地方政府决策竞争程度与企业创新投资关系为:

$$\psi\left\{ -\dfrac{\left(2i\theta_A + k_A\dfrac{\partial g_A}{\partial \theta} + \dfrac{\partial V_A}{\partial \theta} - \dfrac{\partial D_A}{\partial \theta}\right)}{(i\theta_A^2 + k_Ag_A + \varepsilon_A + V_A)(1-d) - D_A} \right\}e^{\theta} = \int_A \lg c(\theta)\,d\theta + \sup_{A \neq B}\lg c(\theta)$$

区域 A 的地方政府决策竞争范围为:

$$\left[\psi\left\{-\frac{\left(2i\theta_A + k_A\dfrac{\partial g_A}{\partial \theta} + \dfrac{\partial V_A}{\partial \theta} - \dfrac{\partial D_A}{\partial \theta}\right)}{\left(i\theta_A^2 + k_A g_A + \varepsilon_A + V_A\right)\left(1-d\right) - D_A}\right\}\theta^\#,\right.$$

$$\left.\theta^\#\psi\left\{-\frac{\left(2i\theta_A + k_A\dfrac{\partial g_A}{\partial \theta} + \dfrac{\partial V_A}{\partial \theta} - \dfrac{\partial D_A}{\partial \theta}\right)}{\left(i\theta_A^2 + k_A g_A + \varepsilon_A + V_A\right)\left(1-d\right) - D_A}\right\}e\theta^\#\right.$$

通过上式可以看出,在没有达到地方政府决策竞争和企业创新投资二者动态关系的转折点时,我们可以通过调整地方政府决策竞争的范围来避免地方政府决策竞争的产生。

$$\left[\psi\left\{-\frac{\left(2i\theta_A + k_A\dfrac{\partial g_A}{\partial \theta} + \dfrac{\partial V_A}{\partial \theta} - \dfrac{\partial D_A}{\partial \theta}\right)}{\left(i\theta_A^2 + k_A g_A + \varepsilon_A + V_A\right)\left(1-d\right) - D_A}\right\}\theta^\#,\right.$$

$$\left.\theta^\#\psi\left\{-\frac{\left(2i\theta_A + k_A\dfrac{\partial g_A}{\partial \theta} + \dfrac{\partial V_A}{\partial \theta} - \dfrac{\partial D_A}{\partial \theta}\right)}{\left(i\theta_A^2 + k_A g_A + \varepsilon_A + V_A\right)\left(1-d\right) - D_A}\right\}e\theta^\#\right.$$

在上述地方政府决策竞争范围中最大值为 $\lgc = \theta^\#\psi$
$\left\{-\dfrac{\left(2i\theta_A + k_A\dfrac{\partial g_A}{\partial \theta} + \dfrac{\partial V_A}{\partial \theta} - \dfrac{\partial D_A}{\partial \theta}\right)}{\left(i\theta_A^2 + k_A g_A + \varepsilon_A + V_A\right)\left(1-d\right) - D_A}\right\}e\theta^\#$,只要降低上述范围中的最大值即可减少政府之间的决策竞争程度。

依据上式可知,上式主要的影响因素为:θ、k、V、d

(1)对于 θ(投资程度)而言:

$$\frac{\partial \lgc}{\partial \theta}\psi\left\{-\frac{\left(2i\theta_A + k_A\dfrac{\partial g_A}{\partial \theta} + \dfrac{\partial V_A}{\partial \theta} - \dfrac{\partial D_A}{\partial \theta}\right)}{\left(i\theta^2 + kg + \varepsilon + V\right)\left(1-d\right) - D}\right\}e\theta^\# +$$

$$\theta^{\#2}\psi\left\{-\frac{\left(2i\theta_A + k_A\dfrac{\partial g_A}{\partial \theta} + \dfrac{\partial V_A}{\partial \theta} - \dfrac{\partial D_A}{\partial \theta}\right)}{\left(i\theta^2 + kg + \varepsilon + V\right)\left(1-d\right) - D}\right\}e\theta^\# +$$

$$\theta^\#\psi e^{\theta\#}\frac{\left\{\left(2i + k\dfrac{\partial^2 g}{\partial \theta^2} + \dfrac{\partial^2 V_A}{\partial \theta^2} - \dfrac{\partial^2 D}{\partial \theta^2}\right)(E) - \left[\left(1-d\right)\left(2i\theta^\# + K +\right) - \dfrac{\partial D}{\partial \theta}\right]\right\}}{\left[\left(i\theta^{\#2}kg + \varepsilon + V\right)\left(1-d\right) - D\right]^2}$$

$$E = \left(i\theta^{\#2}kg + \varepsilon + V\right)\left(1-d\right) - D$$

$$P = 2i\theta^{\#} + k\frac{\partial g}{\partial \theta} + \frac{\partial V}{\partial \theta} - \frac{\partial D}{\partial \theta}$$

解之：
$$\begin{cases} \dfrac{\partial \lg c}{\partial \theta} = \theta^{\#}\psi e^{\theta^{\#}}\left\{ \dfrac{2PD-P'E-E'P}{\left[(i\theta^{\#^2}+kg+\varepsilon+V)(1-d)-D \right]^2} \right\} > 0 \\ P > P; D > D \end{cases}$$

即地方政府决策竞争与企业创新投资的额度大小呈现正向相关关系。

（2）对于 k（溢出系数）而言：

$$\frac{\partial \lg c}{\partial K} = \theta\psi\left\{ -\frac{\dfrac{\partial g}{\partial \theta}(i\theta^2 + kg + \varepsilon + V(1-d) - D) + g\left(2i\theta + k\dfrac{\partial g}{\partial \theta} + \dfrac{\partial V}{\partial \theta} - \dfrac{\partial D}{\partial \theta}\right)}{\left[(i\theta^2 + kg + \varepsilon + V)(1-d) - D \right]^2} \right\}e^{\theta}$$

上式的单调性取决于：

$$-\frac{\partial g}{\partial \theta}\left[i\theta^2 + kg + \varepsilon + V(1-d) - D \right] + g\left(2i\theta + k\frac{\partial g}{\partial \theta} + \frac{\partial V}{\partial \theta} - \frac{\partial D}{\partial \theta}\right)$$

解之：

$$-\frac{\partial g}{\partial \theta}\left(i\theta^2 + kg + \varepsilon + V(1-d) - D\right) + g\left(2i\theta + k\frac{\partial g}{\partial \theta} + \frac{\partial V}{\partial \theta} - \frac{\partial D}{\partial \theta}\right)$$

$$= \left(2gi\theta - \frac{\partial g}{\partial \theta}i\theta^2(1-d)\right) + \left(gk\frac{\partial g}{\partial \theta} - gk\frac{\partial g}{\partial \theta}(1-d)\right) +$$

$$\left(g\frac{\partial V}{\partial \theta} - \frac{\partial g}{\partial \theta}v(1-d)\right) + \left(\frac{\partial g}{\partial \theta}(1-d)D - g\frac{\partial D}{\partial \theta}\right) >$$

$$(3-d)i\theta^2 + dgk\frac{\partial g}{\partial \theta} + (g-v) + ((1-d)D - g) > 0$$

即地方政府决策竞争与企业创新投资的溢出效用呈现正向相关关系。

鉴于上述研究，区域企业创新投资的溢出系数会增加地方政府决策竞争的竞争程度。这也为避免地方政府之间决策竞争的产生提供了一条途径。政府可以通过宏观经济调控政策，去区域化发展，实现统一的发展规划，鼓励知识共享，可以在一定程度上避免地方政府因晋升博弈的政治目的，而产生地方政府决策竞争。

（3）对于 V（区域政治目的）而言：

$$\frac{\partial \lg c}{\partial V} = -\theta\psi e^{\theta}(1-d)$$

$$\frac{\dfrac{\partial^2 V}{\partial \theta^2}\left(i\theta^2 + kg + \varepsilon + V\right) - \dfrac{D}{(1-d)}) + \dfrac{\partial V}{\partial \theta}\left(2i\theta_A + k\dfrac{\partial g}{\partial \theta} + \dfrac{\partial V}{\partial \theta} - \dfrac{\partial D}{\partial \theta}\right)}{\left[\left(i\theta^2 + kg + \varepsilon + V\right)(1-d) - D\right]^2}$$

上式单调性取决于下式的大小:

$$-\frac{\partial^2 V}{\partial \theta^2}\left(i\theta^2 + kg + \varepsilon + V\right)(1-d) - D + \frac{\partial V}{\partial \theta}(1-d)2i\theta + k\frac{\partial g}{\partial \theta} + \frac{\partial V}{\partial \theta} - \frac{\partial D}{\partial \theta}$$

解之:

$$-\frac{\partial^2 V}{\partial \theta^2}\left(i\theta^2 + kg + \varepsilon + V\right)\frac{D}{(1-d)}) + \frac{\partial V}{\partial \theta}\left(2i\theta + k\frac{\partial g}{\partial \theta} + \frac{\partial V}{\partial \theta} - \frac{\partial D}{\partial \theta}\right)$$

$$= \left(\frac{\partial V}{\partial \theta}2i\theta - \frac{\partial^2 V}{\partial \theta^2}i\theta^2\right) + \left(\frac{\partial g}{\partial \theta}k\frac{\partial V}{\partial \theta} - \frac{\partial^2 D}{\partial \theta^2}kg_A\right) + \left(\frac{\partial^2 V}{\partial \theta^2} - \frac{\partial^2 V}{\partial \theta^2}V\right) +$$

$$\left(\frac{\partial^2 V}{\partial \theta^2}\frac{D}{1-d} - \frac{\partial V}{\partial \theta}\frac{\partial D}{\partial \theta}\right) > (2i\theta) + \left(\frac{\partial V}{\partial \theta}k\frac{\partial g}{\partial \theta}\right) + \left|\frac{\partial^2 V}{\partial \theta^2}\right|(V-1) +$$

$$\left(\frac{\partial^2 V}{\partial \theta^2}\frac{D}{1-d} - \frac{\partial V}{\partial \theta}\frac{\partial D}{\partial \theta}\right) > 0$$

即地方政府决策竞争与地方政府的政治目的呈现正向相关关系。

鉴于上述研究,地方政府的政治晋升目的会增加地方政府决策性竞争。这也为避免地方政府之间决策竞争的产生提供了一条途径。政府可以通过调整对地方政府政绩进行审核的机制,在一定程度上避免地方政府决策竞争的产生。

(4)对于 d(惩罚系数)而言:

$$\frac{\partial \lg c}{\partial \theta} = -\theta \psi e^{\theta}\left[-\frac{\left(i\theta^2 + kg + \varepsilon + V\right)\left(2i\theta + k\frac{\partial g}{\partial \theta} + \frac{\partial V}{\partial \theta} - \frac{\partial D}{\partial \theta}\right)}{\left[\left(i\theta^2 + kg + \varepsilon + V\right)(1-d) - D\right]^2}\right]$$

因为, $\left(i\theta^2 + kg + \varepsilon + V\right)\left(2i\theta + k\frac{\partial g}{\partial \theta} + \frac{\partial V}{\partial \theta} - \frac{\partial D}{\partial \theta}\right) > 0$

即地方政府决策竞争与政府惩罚系数呈现反向相关关系。

鉴于上述研究,增加企业创新投资没有达到预期之后的惩罚力度会避免地方政府决策性竞争。这也为避免地方政府之间决策竞争的产生提供了一条途径。政府可以通过增加政策失败之后,对当地政府产生的负面影响,在一定程度上避免地方政府决策竞争的产生。

4.3.2 如何减少地方政府决策竞争造成的损失分析

当 A、B 两个辖区的地方政府各自努力追求收益最大化时,其各自的规划函数如下:

A 辖区政府的规划:

$$\begin{cases} \max U_A = (\pi_A + k_A g_A + \varepsilon_A + V_A)\operatorname{prob}(\pi_A > \pi_B)(\pi_A + k_A g_A + \varepsilon_A)\operatorname{prob}(\pi_A < \pi_B) \\ st\cdot M_A + N_A \leq \theta, N_A \geq 0 \end{cases}$$

B 辖区政府的规划:

$$\begin{cases} \max U_B = (\pi_B + k_B g_B + \varepsilon_B + V_B)\operatorname{prob}(\pi_A < \pi_B)(\pi_B + k_B g_B + \varepsilon_B)\operatorname{prob}(\pi_A > \pi_B) \\ st\cdot M_B + N_B \leq \theta, M_B \geq 0, N_B \geq 0 \end{cases}$$

由于两个政府为同级政府,并且我国地方政府的税率都是由中央政府决定的,即 $t=T$,建立 A、B 两个辖区目标规划的拉格朗日函数:

$$\begin{cases} 0 = (\pi_A + k_A g_A + \varepsilon_A + V_A)\operatorname{prob}(\pi_A > \pi_B) + \lambda(\theta_A - M_A - N_A) \\ 0 = (\pi_B + k_B g_B + \varepsilon_B + V_B)\operatorname{prob}(\pi_A < \pi_B) + \mu(\theta_B - M_B - N_B) \\ \theta_A = M_A + N_A = \theta_B = M_B + N_B = \theta \end{cases}$$

解之:

$$M_A^* = M_B^* = \frac{\alpha - n\alpha}{\alpha + \beta + m\beta - n\alpha}\theta; N_A^* = N_B^* = \frac{\beta - m\beta}{\alpha + \beta + m\beta - n\alpha}\theta$$

当政府决策时,其目的是为追求两个辖区总的经济效应最大化,其规划如下所示:

$$\begin{cases} \max U = U_A + U_B \\ st\cdot \theta_A = \theta_B \leq \theta, M_A \leq \theta, M_B \geq 0, N_B \geq 0 \end{cases}$$

建立拉格朗日函数并解之:

$$M_A^\& = M_B^\& = \frac{\alpha}{\alpha + \beta}\theta; N_A^\& = N_B^\& = \frac{\alpha}{\alpha + \beta}\theta$$

1. 从进取性竞争方面

由上文中的结果可知 $M_A^* = M_B^* = \frac{\alpha - n\alpha}{\alpha + \beta + m\beta - n\alpha}\theta$。

$$(1)\frac{\partial M_A^*}{\partial n} = \frac{\partial M_B^*}{\partial n} = \frac{-\alpha\beta(1+m)\theta}{(\alpha + \beta + m\beta - n\alpha)^2} < 0,\ \diamondsuit\ Z = \frac{-\alpha\beta(1+m)\theta}{(\alpha + \beta + m\beta - n\alpha)^2} < 0$$

当 $\dfrac{\partial z}{\partial \alpha}=0$，$\alpha=\dfrac{(1+m)}{1-n}\beta$，即随着 α 的增大，当 $\alpha<\dfrac{(1+m)}{1-n}\beta$ 时，$\dfrac{\partial z}{\partial \alpha}<0$，当 $\alpha>\dfrac{(1+m)}{1-n}$

β 时，$\dfrac{\partial z}{\partial \alpha}>0$，即 Z 的变化先减后增；$\dfrac{\partial M_A^*}{\partial n}=\dfrac{\partial M_B^*}{\partial n}$ 的变化速度先增后减。

当 $\dfrac{\partial z}{\partial \beta}=0$，$\beta=\dfrac{(1-n)}{1+m}\alpha$，即随着 α 的增大，当 $\beta<\dfrac{(1-n)}{1+m}\alpha$ 时，$\dfrac{\partial z}{\partial \beta}>0$，当 $\beta>\dfrac{(1-n)}{1+m}\alpha$

时，$\dfrac{\partial z}{\partial \beta}<0$，即 Z 的变化先增后减；$\dfrac{\partial M_A^*}{\partial n}=\dfrac{\partial M_B^*}{\partial n}$ 的变化速度先减后增。

其变化的数值模拟图形如图 4-2 所示。

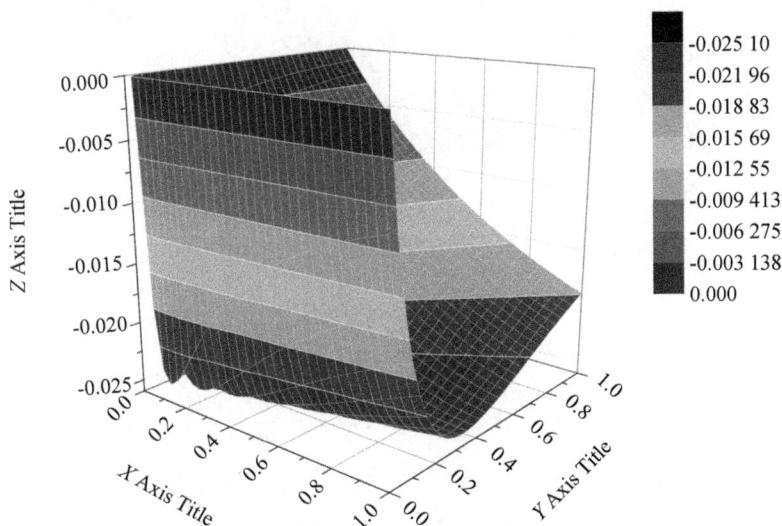

图 4-2　进取性投资在 n,α,β 下的变化

注:X 表示 α，Y 表示 β，图中的 Z 表示 $\dfrac{\partial M_A^*}{\partial n}=\dfrac{\partial M_B^*}{\partial n}$

(2) $\dfrac{\partial M_A^*}{\partial n}=\dfrac{\partial M_B^*}{\partial n}=\dfrac{-\alpha\beta(1-n)\theta}{(\alpha+\beta+m\beta-n\alpha)^2}<0$，令 $Z=\dfrac{-\alpha\beta(1-n)\theta}{(\alpha+\beta+m\beta-n\alpha)^2}<0$

当 $\dfrac{\partial z}{\partial \alpha}=0$，$\alpha=\dfrac{(1+m)}{1-n}\beta$，即随着 α，的增大，当 $\alpha<\dfrac{(1+m)}{1-n}\beta$ 时，$\dfrac{\partial z}{\partial \alpha}<0$，当 $\alpha>$

$\dfrac{(1+m)}{1-n}\beta$ 时，$\dfrac{\partial z}{\partial \alpha}>0$，即 Z 的变化先减后增；$\dfrac{\partial M_A^*}{\partial m}=\dfrac{\partial M_B^*}{\partial m}$ 的变化速度先增后减。

当 $\dfrac{\partial z}{\partial \beta}=0$，$\beta=\dfrac{(1-n)}{1+m}\alpha$，即随着 α 的增大，当 $\beta<\dfrac{(1-n)}{1+m}\alpha$ 时，$\dfrac{\partial z}{\partial \beta}>0$，当 $\beta>\dfrac{(1-n)}{1+m}\alpha$

时，$\dfrac{\partial z}{\partial \beta}<0$，即 Z 的变化先增后减；$\dfrac{\partial M_A^*}{\partial m}=\dfrac{\partial M_B^*}{\partial m}$ 的变化速度先减后增。

其变化的数值模拟图形如图 4-3 所示。

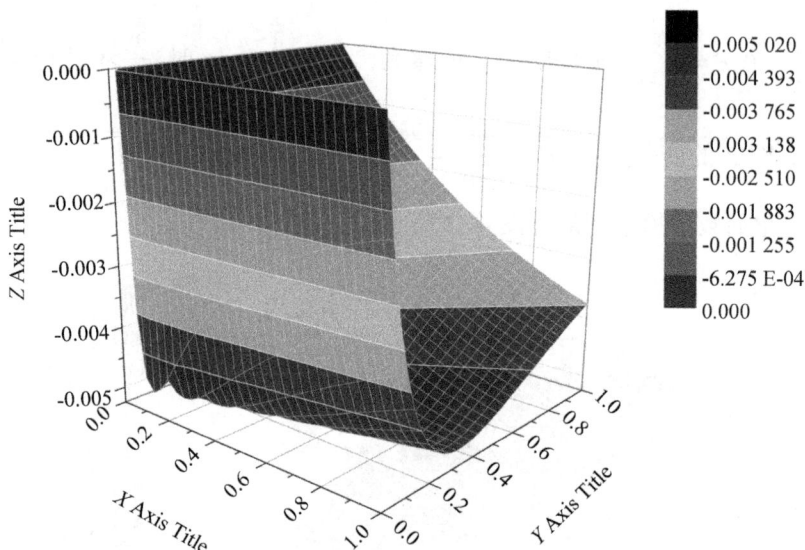

图 4-3　进取性投资在 m,α,β 下的变化

注：X 表示 α，Y 表示 β，图中的 Z 表示 $\dfrac{\partial M_A^*}{\partial m}=\dfrac{\partial M_B^*}{\partial m}$

综上所述，当两个地方政府之间已经做出政府决策竞争时，进取性投资竞争无论在 n 和 m 如何变化的情况下，随着 α 的增加其进取性投资的收益降低速度先减小后增长，随着 β 的增加其进取性投资的收益降低速度先增加后减小。在此过程中政府可以适当地增加收益函数：

$$U = (\pi + kg + \varepsilon + V)prob(\pi_A > \pi_B) + (\pi + kg + \varepsilon)prob(\pi_A < \pi_B)$$

其中 α，达到 $\alpha=\dfrac{\beta(1+m)}{1-n}$，使其收益降低的速度减小，度过初始竞争期，加之政府可适当增加进取性投资补助，增加保护性投资的征税税额，使其在以后的竞争过程中增加优势，减少地方政府竞争。

2. 从保护性竞争方面

$(1)\ \dfrac{\partial N_A^*}{\partial n}=\dfrac{\partial N_B^*}{\partial n}=\dfrac{\alpha\beta(1+m)\theta}{(\alpha+\beta+m\beta-n\alpha)^2}>0$，令 $Z=\dfrac{-\alpha\beta(1-n)\theta}{(\alpha+\beta+m\beta-n\alpha)^2}$

当 $\dfrac{\partial z}{\partial \alpha}=0$，$\alpha=\dfrac{(1+m)}{1-n}\beta$，即随着 α，的增大，当 $\alpha<\dfrac{(1+m)}{1-n}\beta$ 时，$\dfrac{\partial Z}{\partial \alpha}<0$，当 $\alpha>$ $\dfrac{(1+m)}{1-n}\beta$ 时，$\dfrac{\partial Z}{\partial \alpha}>0$，即 Z 的变化先减后增；$\dfrac{\partial M_A^*}{\partial m}=\dfrac{\partial M_B^*}{\partial m}$ 的变化速度先增后减。

当 $\dfrac{\partial Z}{\partial \beta}=0$，$\beta=\dfrac{(1-n)}{1+m}\alpha$，即随着 β 的增大，当 $\beta<\dfrac{(1-n)}{1+m}\alpha$ 时，$\dfrac{\partial Z}{\partial \beta}>0$，当 $\beta>\dfrac{(1-n)}{1+m}\alpha$ 时，$\dfrac{\partial Z}{\partial \beta}<0$，即 Z 的变化先增后减；$\dfrac{\partial M_A^*}{\partial n}=\dfrac{\partial M_B^*}{\partial n}$ 的变化速度先减后增。

其变化的数值模拟图形如图 4-4 所示。

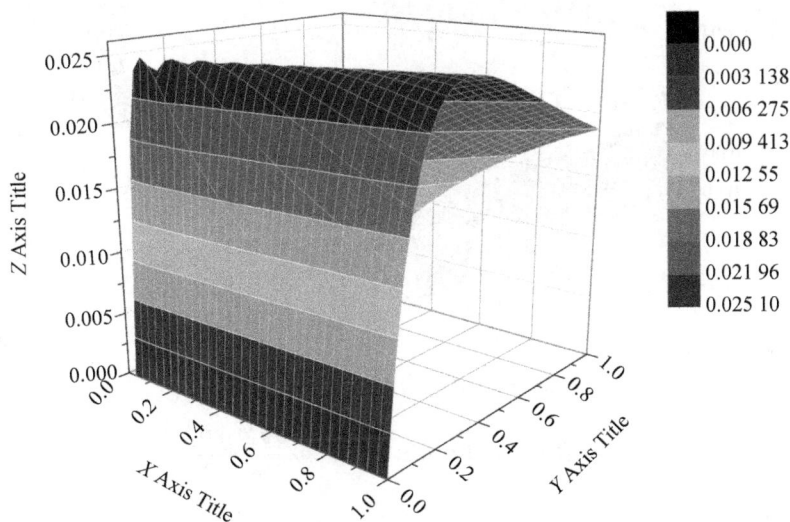

图 4-4　保护性投资在 n,α,β 下的变化

注：X 表示 α，Y 表示 β，图中的 Z 表示 $\dfrac{\partial M_A^*}{\partial n}=\dfrac{\partial M_B^*}{\partial n}$

（2）$\dfrac{\partial M_A^*}{\partial m}=\dfrac{\partial M_B^*}{\partial m}=\dfrac{\alpha\beta(1-n)\theta}{(\alpha+\beta+m\beta-n\alpha)^2}>0$，令 $Z=\dfrac{\alpha\beta(1-n)\theta}{(\alpha+\beta+m\beta-n\alpha)^2}$

当 $\dfrac{\partial Z}{\partial \alpha}=0$，$\alpha=\dfrac{(1+m)}{1-n}\beta$，即随着 α，的增大，当 $\alpha<\dfrac{(1+m)}{1-n}\beta$ 时，$\dfrac{\partial Z}{\partial \alpha}<0$，当 $\alpha>\dfrac{(1+m)}{1-n}$ β 时，$\dfrac{\partial Z}{\partial \alpha}>0$，即 Z 的变化先减后增；$\dfrac{\partial M_A^*}{\partial n}=\dfrac{\partial M_B^*}{\partial n}$ 的变化速度先增后减。

当 $\frac{\partial Z}{\partial \beta}=0, \beta=\frac{(1-n)}{1+m}\alpha$，即随着 β 的增大，当 $\beta<\frac{(1-n)}{1+m}\alpha$ 时，$\frac{\partial Z}{\partial \beta}>0$，当 $\beta>\frac{(1-n)}{1+m}\alpha$

时，$\frac{\partial Z}{\partial \beta}<0$，即 Z 的变化先增后减；$\frac{\partial M_A^*}{\partial m}=\frac{\partial M_B^*}{\partial m}$ 的变化速度先减后增。

其变化的数值模拟图形如图 4-5 所示。

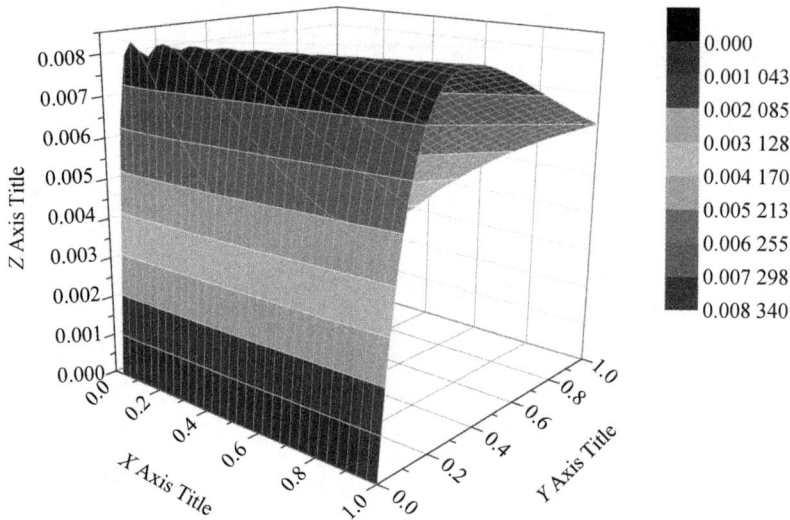

图4-5　保护性投资在 m,α,β 下的变化

注:X 表示 α，Y 表示 β，图中的 Z 表示 $\frac{\partial M_A^*}{\partial m}=\frac{\partial M_B^*}{\partial m}$

综上所述,当两个地方政府之间已经做出政府决策竞争时,保护性投资竞争无论在 n 和 m 如何变化的情况下,随着 α 的增加其进取性投资的收益增加速度先增大后减小,随着 β 的增加其进取性投资的收益增加速度先减小后增大。在此过程中政府可以适当地减小收益函数。

$$U=(\pi+kg+\varepsilon+V)prob(\pi_A>\pi_B)+(\pi+kg+\varepsilon)prob(\pi_A<\pi_B)$$

其中 α 达到 $\alpha=\frac{(1+m)}{1-n}\beta$,使得其收益增加的速度减小,从而减小其保护型投资,使其度过初始竞争期,加之政府可以适当增加进取性投资的补助,增加保护性投资征税的税额,使保护性投资在以后的竞争过程中失去优势,从而减少地方政府之间的竞争。

4.4　本章小结

　　本章在完全信息下分析地方政府决策竞争对企业创新投资的影响机制,主要分为三个部分:第一部分阐述了本章的研究假设,变量及规划函数;第二部分从企业视角,在地方政府决策竞争的作用下,分析了企业不同风险偏好态度下决策时机、最优投资额度、创新投资失败的识别和退出机制;第三部分分析了如何避免地方政府决策竞争的产生以及如何减少因地方政府决策竞争而造成的损失。

第五章 单边信息不对称的机制分析

通过第四章的研究可得,在完全信息下地方政府决策竞争对企业创新投资的时间和地点选择有直接的影响。而现实情景当中,地方政府和企业之间的信息大多是不对称的。本章在单边信息不对称的前提下,分析在地方政府决策竞争作用下的企业创新投资的最优投资额度、创新投资的地点选择、创新投资失败的识别和退出机制,以及在门槛之前政府如何减少地方政府决策竞争的产生和门槛之后如何避免地方政府决策竞争造成的损失。

5.1 模型构建

5.1.1 研究假设

在单边信息不对称下,创新投资企业和地方政府之间的信息是单边不对称的[289](Wei,et. al,2015),具体可以分成两种情况:情况之一,地方政府知道创新投资企业的信息,而创新投资企业不知道地方政府的信息;情况之二,创新投资企业知道地方政府的信息,而地方政府不知道创新投资企业的信息。然而,我国单一制的地方政府竞争范式,加之企业投资是企业的绝密信息,地方政府难以知道企业的创新投资真实情况,即上述两种情况中只有情况之二可以成立[290](Ugo,et. al,2015)。综上所述,本文建立的单边信息不对称下地方政府决策竞争对企业创新投资影响的概念模型如下图 5-1 所示。

针对单边信息不对称下地方政府决策竞争对企业创新投资的影响机制,本章关于政府、地方政府和创新投资企业三者的模型假设如下。

1.政府方面的研究假设

H5-1:政府的目标是全社会的福利最大化,即两个区域的经济发展综合最

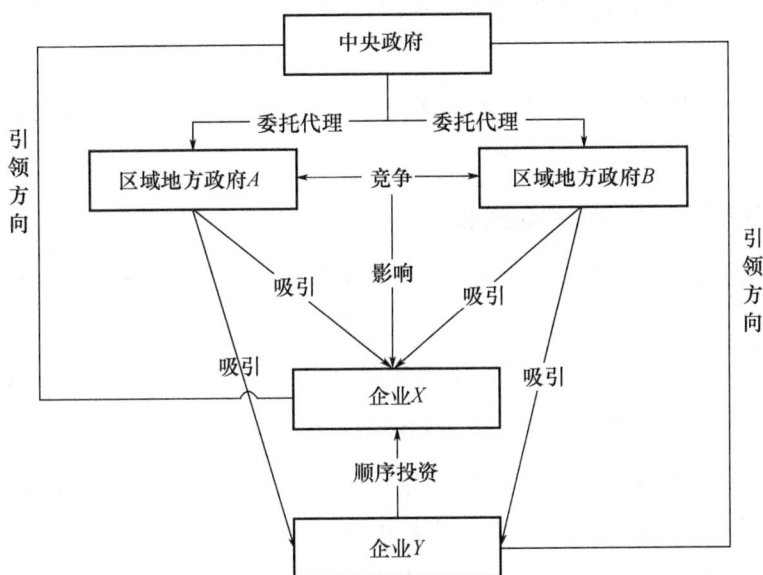

图5-1　单边信息不对称下地方政府决策竞争对企业创新投资的影响机制

大化。

H5-2：中央政府与地方政府之间是委托代理关系，并且二者之间是信息不对称的。由于信息的不对称，中央政府对地方政府的政绩考核主要是通过地方政府的经济发展成果进行判断[291]（Ali、Reza、Shahram，2015）。

H5-3：政府出台的宏观经济政策对企业的创新投资有直接的导向性影响，而且还在一定程度上影响企业创新投资的投资程度。

2. 地方政府方面的研究假设

H5-4：地方政府是"不完全理性"的决策主体，地方政府的目标是地方的经济目标和政治晋升。

H5-5：地方政府主要通过财政补助、税收减免和其他优惠政策吸引企业的创新投资。

H5-6：地方政府对外商创新投资的理念是"拿来主义"，即地方政府对外商企业创新投资的态度是越多越好，因为地方政府认为外商企业的创新投资只会增加本区域的正向收益，不会对自己造成损害。

H5-7：当地方政府吸引的企业创新投资没有达到其相应的促进效果，地方政府要受到一定的惩罚,这些惩罚包括政治晋升机会的丧失和地方政府声誉的损失等。

H5-8:地方政府之间是严格的竞争关系,并且地方政府不知道创新投资企业的信息。

3. 创新投资企业方面的研究假设

H5-9:创新投资企业满足经济学"理性人"的假设,其目标是企业经济收益最大化。

H5-10:企业知道政府方面的相关信息,即创新投资的企业 X 和 Y 可以清晰地知道两个区域政府给予的优惠政策和区域的要素禀赋程度。

H5-11:区域创新投资企业之间是具有领导者的博弈竞争关系,即有一个领导者,一个跟随者,领导者先投资,跟随者根据领导者的投资情况决定自身的投资额度。本文假设企业 X 是领导者,企业 Y 是跟随者。

H5-12:企业创新投资的决策环境是不确定的决策环境,并且决策者的风险偏好态度分为三种类型:风险喜好型、风险中立型和风险规避型。

5.1.2 变量设定

1. 地方政府方面变量设定

地方政府的目标函数主要分成三部分:企业创新投资的直接受益、企业创新投资的溢出效应和地方政府的政治晋升收益。

U_A、U_B 分别表示两个地方政府 A、B 的总体效用函数。

$prob$ 函数是在不确定决策理论下的辨识函数。

π_A、π_B 分别表示 A、B 两个地方政府的直接收益函数,$\pi_A = i\theta_A^2$,$\pi_B = i\theta_B^2$。

$k_A g_A$、$k_B g_B$ 表示两个地方政府 A、B 的溢出效应函数,其中 k_A、k_B 分别表示两个地方政府 A、B 的溢出系数。依据 Wang[16](2015)的研究基础,本文将地方政府吸引的创新性投资分成两类:进取性投资和保护性投资。

$$g_A = (1 - t_A)(M_A + mM_B)^\alpha (N_A - nN_B)^\beta$$
$$g_B = (1 - t_B)(M_A + mM_B)^\alpha (N_A - nN_B)^\beta$$

式中,t_A、t_B 表示 A、B 两个辖区的税率,M 表示进取性投资,N 表示保护性投资,m

是衡量共赢性行为的参数,n 是衡量自利性行为的参数,α、β 是实常数。

V_A、V_B 分别表示两个地方政府 A、B 的政治晋升收益函数。

R_A、R_B 分别表示两个地方政府 A、B 的直接收益和"溢出效应"的总收益函数。

ε_A、ε_B 分别表示两个地方政府 A、B 的 R_A、R_B 函数的随机扰动项。

d 为惩罚系数,包括地方政府的信誉、经济建设、项目等。

D 为地方政府付出的努力,D_A 为区域 A 政府付出的努力,D_B 为区域 B 政府付出的努力。

$\lg c$ 表示地方政府之间的竞争程度,$\lg c = D_A - D_B$。

2. 企业创新投资方面变量设定

企业的目标函数是企业的收益最大化,区域两家创新投资企业的收益函数为 π_x、π_y。

x, y 是指区域的两家创新投资企业。

$p = a + bq$ 是市场的需求函数,p 是市场的产品价格,$\alpha > 0$、$b < 0$ 是系数,q 是市场需求。

C 是企业的成本函数。

I 是企业的创新投资函数,依据 M. G. Akhmadeev 对供应链上企业的投资研究可得,可将企业的投资定为如下函数:$I = g(\theta) = i\theta^2$。其中 i 是企业创新投资的投资系数,θ 是企业的创新投资金额,企业创新投资函数为单凸函数,依据 Jammernegg 理论可知企业的创新投资具有规模效应递减的效果。

ε_x、ε_y 是创新投资企业 x、y 投资收益函数的随机扰动项。

$r_x\theta_x$、$r_y\theta_y$ 分别表示企业投入创新投资之后企业生产成本的减少量,其中 r_A、r_B 表示边际系数。

3. 风险偏好的类型描述

本章采用 CVaR 度量决策风险,为了更好地理解 CVaR 在风险管理中的作用,这里给出其定义。首先,定义 $Z_\gamma = \sup\{V \mid \text{prob}[(\pi) < V] \leq \gamma\}$ 为变量 π 的分位数。为了便于计算,本文借鉴 Jammernegg 的描述方法,将收益函数 π 在 γ 水平下 CVaR 的定义为:

$$\text{QVaR}_\gamma[\pi] = \max_{V_0 E R}\left\{V_0 + \frac{1}{\gamma}E[\min(E(\pi) - V_0, 0)]\right\}。$$

上述的 CVaR 只能描述决策者在一个置信水平下的保守决策标准,是一个特定的风险偏好描述。本章根据[292]Demirag(2011)的改善方法,给出不同风险偏好态度下决策者的目标函数。

定义决策者在风险规避情况下的收益期望函数:

$$QVaR_\gamma[\pi] = E[\pi/\pi < Z_\gamma]$$

定义决策者在风险喜好情况下的收益期望函数:

$$QVaR_\gamma[\pi] = E[\pi/\pi > Z_\gamma]$$

即决策者的不同风险偏好下的期望收益函数为:

$$\pi_i = \eta E[\pi/\pi < Z_\gamma] + (1-\eta)E[\pi/\pi > Z_\gamma]$$

由于,$E(\pi) = \gamma E[\pi/\pi < Z_\gamma] + (1-\gamma)E[\pi/\pi > Z_\gamma]$,

即加入不同风险偏好的企业创新投资收益函数为:

$$\pi^* = \frac{1-\eta}{1-\gamma}E(\pi(\theta)) + \frac{\eta-\gamma}{1-\gamma}Q_{CVaR_\gamma}[\pi(\theta)]。$$

当 $\eta-\gamma>0$,创新投资企业的风险态度为风险喜好型;当 $\eta-\gamma<0$,创新投资企业的风险态度为风险规避型;当 $\eta-\zeta=0$,创新投资企业的风险态度为风险中立型。

5.1.3 研究模型

1. 地方政府的规划模型

依据 5.1.2 关于地方政府方面的变量设定和研究,假设 H5-4 和 H5-7,本文建立如下的地方政府目标规划模型:

$$\max F_A = \max\{(U_A - D_A) \cdot prob(\lg c>0) + (-dU_A) \cdot prob(\lg c<0)\}$$

$$U_A = (i\theta_A^2 + k_A g_A + \varepsilon_A + V_A)prob(i\theta_A^2 > i\theta_B^2) + (i\theta_A^2 + k_A g_A + \varepsilon_A)prob(i\theta_A^2 < i\theta_B^2)$$

$$U_B = (i\theta_B^2 + k_B g_B + \varepsilon_B + V_B)prob(i\theta_A^2 < i\theta_B^2) + (i\theta_B^2 + k_B g_B + \varepsilon_B)prob(i\theta_A^2 > i\theta_B^2)$$

$$g_A = (1-t_A)(M_A + mM_B)^\beta(N_A - nN_B), g_B = (1-t_B)(M_A + mM_B)^\alpha(N_A - nN_B)^\beta$$

2. 创新投资企业的规划模型

依据 5.1.2 关于企业创新投资方面变量设定和研究,假设 H5-9 和 H5-12,并且考虑企业决策者不同风险偏好态度的情况,本文建立如下的企业创新投资目标规划模型如下:

$$\pi^* = \frac{1-\eta}{1-\gamma} E\big[\,\pi(\theta)\,\big] + \frac{\eta-\gamma}{1-\gamma} Q_{\mathrm{CVaR}_\gamma}\big[\,\pi(\theta)\,\big]$$

$$\pi_x = (p - c_x + r_x\theta_x)\cdot q_x - I_x + \varepsilon_x, I_x = i\theta_x^2$$

$$\pi_y = (p - c_y + r_y\theta_y)\cdot q_y - I_y + \varepsilon_y, I_y = i\theta_y^2$$

5.2　门槛之前的机制分析

根据第三章对于地方政府决策竞争与企业创新投资长期动态关系的分析可知,地方政府决策竞争与企业创新投资之间呈现"∩"形曲线关系,因此从企业创新投资视角而言,在门槛之前可以分析企业创新投资的最优投资额度和企业创新投资地点的选择。

5.2.1　企业创新投资的均衡分析

1. 企业最优投资额度分析

在单边信息不对称下,由假设 H5-11 可知,双寡头市场的企业创新投资问题为斯塔克尔伯格博弈模型(Stackelberg Leadership Model),市场的需求曲线为 $p = a + bp$,企业的生产函数为 $q = f(\theta)K^{x^1}L^{x^2}\mu, x^1 + x^2 = 1$。综上可知,在斯塔克尔伯格博弈下,两个企业的最优创新投资额为 K^{x^1}。

首先,企业 X 先进行创新投资,企业利润最大化目标为:

$$\pi_x = (p - c_x + r_x\theta_x)\cdot q_x - I_X + \varepsilon_X, I_x = i\theta_x^2$$

其利润最大化的边界条件为:

$$\frac{\partial \pi_x}{\partial q_x} = \frac{\partial\big[(p - c_x + r_x\theta_x)\cdot q_x - i\theta_x^2 + \varepsilon_x\big]}{\partial q_x} = 0$$

解之: $q_x = \dfrac{1}{2b}(c_x - r_x\theta_x - a + bq_y)$

依据企业 X 的反应函数,企业 Y 的利润最大化规划为:

$$\pi_y = (p - c_y + r_y\theta_y)\cdot q_y - i\theta_y^2 + \varepsilon_y$$

其利润最大化的边界条件为:

$$\frac{\partial \pi_x}{\partial q_y} = \frac{\partial\big[(p - c_y + r_y\theta_y)\cdot q_y - i\theta_y^2 + \varepsilon_y\big]}{\partial q_y} = 0$$

解之：$q_y = \dfrac{2c_y - 2r_y\theta_y - a + r_y\theta_x - c_x}{6b}$

同理可以求解出企业 X 的需求函数：$q_x = \dfrac{5c_x - 5r_x\theta_x - 7a + 2c_y - 2r_y\theta_y}{12b}$

企业的生产函数：$q = f(\theta)K^{x^1}L^{x^2}\mu$，$x^1 + x^2 = 1$。

其反函数为：$\theta^{\wedge} = f^{-1}\left(\dfrac{q}{K^{x^1}L^{x^2}\mu}\right)$，$x^1 + x^2 = 1$。

依据不同风险偏好类型的创新投资企业的规划模型：

$$\pi^* = \frac{1-\eta}{1-\gamma}E[\pi(\theta)] + \frac{\eta-\gamma}{1-\gamma}Q_{\mathrm{CVaR}_r}[\pi(\theta)]$$

由上述规划函数可知，当风险偏好的态度为风险喜好型和风险中性型的决策者时，上述带有风险偏好的创新投资企业规划模型的最大值即为 π 的最大值，即风险喜好型和风险中立型企业 X 和 Y 的最优投资额度为：

$$\theta_x^{\wedge} = f^{-1}\left(\frac{5c_x - 5r_x\theta_x - 7a + 2c_y - 2r_y\theta_y}{12bK^{x^1}L^{x^2}\mu}\right), \quad x^1 + x^2 = 1$$

$$\theta_y^{\wedge} = f^{-1}\left(\frac{2c_y - 2r_y\theta_y - a + r_x\theta_x - c_x}{6bK^{x^1}L^{x^2}\mu}\right), \quad x^1 + x^2 = 1$$

当风险投资企业的决策者为风险规避型时，需要进一步由 $\dfrac{1-\eta}{1-\gamma}E[\pi(\theta)]$ 和 $\dfrac{\eta-\lambda}{1-\lambda}Q_{\mathrm{CVaR}_r}[\pi(\theta)]$ 的大小所决定，即由风险规避程度的大小决定。

2. 企业创新投资地点的选择

(1)对于企业 X 而言

在斯塔克伯格模型中企业 X 具有领导权，其最先进行创新投资的决策，此时企业 X 选择哪个区域进行投资主要取决于哪个区域地方政府给予的优惠多，给予企业的优惠越多，对其减少生产成本的贡献就越大。因此，分析企业选取哪个区域进行投资关键是分析 A、B 两个区域政府所付出的努力哪个更大[293]（Peng，Lu，2015）。

依据 5.1.3 中变量的设定，地方政府的目标函数为：

$$U_A = (\pi_A + k_Ag_A + \varepsilon_A + V_A)prob(\pi_A > \pi_B) + (\pi_A + k_Ag_A + \varepsilon_A)prob(\pi_A < \pi_B)$$

$$U_B = (\pi_B + k_B g_B + \varepsilon_B + V_B) prob(\pi_A < \pi_B) + (\pi_B + k_B g_B + \varepsilon_B) prob(\pi_A > \pi_B)$$

d 为惩罚系数,惩罚包括地区的信誉、经济建设、项目等。

D 为区域地方政府付出的努力,D_A 为区域 A 政府付出的努力,D_B 为区域 B 政府付出的努力。

$\lg c$ 表示地方政府之间的竞争程度,$\lg c = D_A - D_B$。

企业创新投资的成本减少与地方政府决策竞争有关,$r = G(\lg c) \approx \lg c$。

地方政府的目标规划为:

$$\max F_i = \max\{(U_i - D_i) \cdot prob(\lg c > 0) + (-dU_i) \cdot prob(\lg c < 0)\}, i = A、B$$

依据上述规划求最大值的方法,目标规划的最大值的边界条件为:

$$\frac{\partial F_A}{\partial \theta} = 0$$

以 A 区的地方政府为例进一步求解:

$$\frac{\partial F}{\partial \theta} = (2i\theta_A + k_A \frac{\partial g_A}{\partial \theta} + \frac{\partial V_A}{\partial \theta} - \frac{\partial D_A}{\partial \theta}) \cdot prob(\lg c > 0) +$$

$$(i\theta_A^2 + k_A g_A + V_A - D_A) \frac{\partial[prob(\lg c > 0)]}{\partial \theta} -$$

$$d \frac{\partial D_A}{\partial \theta} \cdot prob(\lg c < 0) + (dU_A) \frac{\partial[prob(\lg c < 0)]}{\partial \theta} = 0$$

依据隐函数的对称性:$\dfrac{\partial[prob(\lg c > 0)]}{\partial \theta} = \dfrac{\partial[prob(\lg c < 0)]}{\partial \theta}$

上式可简化为:

$$(2i\theta_A + k_A \frac{\partial g_A}{\partial \theta} + \frac{\partial V_A}{\partial \theta} - \frac{\partial D_A}{\partial \theta}) \cdot prob(\lg c > 0) +$$

$$[U_A(1-d) - D_A] \frac{\partial[prob(\lg c > 0)]}{\partial \theta} = 0$$

求解上述一元一次的微分方程为:

$$prob(\lg c > 0) = \psi\left\{-\frac{\left(2i\theta_A + k_A \frac{\partial g_A}{\partial \theta} + \frac{\partial V_A}{\partial \theta} - \frac{\partial D_A}{\partial \theta}\right)}{(i\theta_A^2 + k_A g_A + \varepsilon_A + V_A)(1-d) - D_A}\right\} e^\theta,\text{其中 } \psi \text{ 为常数。}$$

进一步根据不确定理论中辨识函数的定义可知:

$$\psi\left\{-\frac{\left(2i\theta_A + k_A\frac{\partial g_A}{\partial \theta} + \frac{\partial V_A}{\partial \theta} - \frac{\partial D_A}{\partial \theta}\right)}{(i\theta_A^2 + k_A g_A + \varepsilon_A + V_A)(1-d) - D_A}\right\}e^{\theta}$$

$$=\begin{cases}\int_A \lg c(\theta)d\theta + \sup_{A\neq B}\lg c(\theta), \text{当其小于}0.5\\ 1 - \int_A \lg c(\theta)d\theta + \sup_{A\neq B}\lg c(\theta), \text{当其大于}0.5\end{cases}$$

简化为地方政府竞争程度与企业的投资关系为：

$$\psi\left\{-\frac{\left(2i\theta_A + k_A\frac{\partial g_A}{\partial \theta} + \frac{\partial V_A}{\partial \theta} - \frac{\partial D_A}{\partial \theta}\right)}{(i\theta_A^2 + k_A g_A + \varepsilon_A + V_A)(1-d) - D_A}\right\}e^{\theta} = \int_A \lg c(\theta)d\theta + \sup_{A\neq B}\lg c(\theta)$$

求解积分方程可得区域 A 的地方政府竞争范围为：

$$\left[\left\{\frac{-\left(2i\theta_A + k_A\frac{\partial g_A}{\partial \theta} + \frac{\partial V_A}{\partial \theta}\right)}{(i\theta_A^2 + k_A g_A + \varepsilon_A + V_A)(1-d)}\right\}(\theta_A^{\wedge} + \theta_B^{\wedge}),\right.$$

$$\left.(\theta_A^{\wedge} + \theta_B^{\wedge})\left\{\frac{-\left(2i\theta_A + k_A\frac{\partial g_A}{\partial \theta} + \frac{\partial V_A}{\partial \theta}\right)}{(i\theta_A^2 + k_A g_A + \varepsilon_A + V_A)(1-d)}\right\}e^{(\theta_A^{\wedge} + \theta_B^{\wedge})}\right]$$

其中 $\theta^{\wedge} = \theta_A^{\wedge} + \theta_B^{\wedge}$，在上述范围内，企业选择在区域 A 进行投资，同理也计算 B 区域的地方政府为吸引投资而产生的地方政府决策竞争范围：

$$\left[\left\{\frac{-\left(2i\theta_B + k_B\frac{\partial g_B}{\partial \theta} + \frac{\partial V_B}{\partial \theta}\right)}{(i\theta_B^2 + k_B g_B + \varepsilon_B + V_B)(1-d)}\right\}(\theta_A^{\wedge} + \theta_B^{\wedge}),\right.$$

$$\left.(\theta_A^{\wedge} + \theta_B^{\wedge})\left\{\frac{-\left(2i\theta_B + k_B\frac{\partial g_B}{\partial \theta} + \frac{\partial V_B}{\partial \theta}\right)}{(i\theta_B^2 + k_B g_B + \varepsilon_B + V_B)(1-d)}\right\}e(\theta_A^{\wedge} + \theta_B^{\wedge})\right]$$

(2)对于企业 Y 而言

对于企业 Y 而言，其选择在哪个区域进行创新投资不仅仅取决于哪一个地方政府给予的优惠程度更高，还取决于地方政府直接给予的收益补助和企业 X 进一步的投资计划。

方式1：当创新投资企业 X 投资于 A 政府地区，如果企业 X 不进行恶性的竞争，那么企业 Y 也会如企业 X 一样，根据两个区域地方政府给予优惠政策的程度，选择投资于何地[294]（Kar,et. al. ,2015）。

方式2:当创新投资企业 X 投资于 A 政府地区,如果企业 X 进行恶性竞争,那么企业 Y 不仅只是根据地方政府给予的优惠多少进行选择。因为企业 X 进行恶性竞争,从而导致企业 Y 会被挤出市场,因此企业 Y 决策选择何地进行投资时,还需依据地方政府给予的收益补助进行判断,以此依据进行投资,企业 Y 才不会被挤出市场[295][296]（Wang,et. al. ,2016;Ma、li,2015）。

5.2.2　如何避免地方政府决策竞争的产生分析

通过5.2.1中地方政府决策竞争的范围可以得知,在没有达到企业创新投资的转折点时,通过调整地方政府决策竞争的范围可以避免地方政府的决策竞争的产生,防止对企业创新投资的过度引入。

在上述地方政府决策竞争范围中的最大值为 $\theta^{\wedge}\psi$

$$\left\{-\frac{\left(2i\theta_A+k_A\frac{\partial g_A}{\partial\theta}+\frac{\partial V_A}{\partial\theta}-\frac{\partial D_A}{\partial\theta}\right)}{\left(i\theta_A^2+k_Ag_A+V_A\right)(1-d)-D_A}\right\}e^{\theta^{\wedge}}$$,只要降低最大值就可减少政府之间的决策竞争

程度。通过上式可以分析得出主要的影响因素为: $\theta^{\wedge}$ 、 k 、 V 、 d

（1）对于 θ（投资程度）而言

$$\frac{\partial \lg c}{\partial\theta}=\psi\left\{-\frac{\left(2i\theta^{\wedge}+k\frac{\partial g}{\partial\theta}+\frac{\partial V}{\partial\theta}+\frac{\partial D}{\partial\theta}\right)}{\left(i\theta^{\wedge 2}+kg+\varepsilon+V\right)(1-d)-D}\right\}e^{\theta^{\wedge}}+$$

$$\theta^{\wedge 2}\psi\left\{-\frac{\left(2i\theta^{\wedge}+k\frac{\partial g}{\partial\theta}+\frac{\partial V}{\partial\theta}+\frac{\partial D}{\partial\theta}\right)}{\left(i\theta^{\wedge 2}+kg+\varepsilon+V\right)(1-d)-D}\right\}e^{\theta^{\wedge}}+$$

$$\theta^{\wedge}\psi e^{\theta^{\wedge}}\left\{-\frac{\left(2i+k\frac{\partial^2 g}{\partial\theta^2}+\frac{\partial^2 V}{\partial\theta^2}+\frac{\partial^2 D}{\partial\theta^2}\right)(E)-\left[(1-d)(2i\theta+k+)-\frac{\partial D}{\partial\theta}\right]P}{\left[\left(i\theta^2+kg+\varepsilon+V\right)(1-d)-D\right]^2}\right\}$$

$$E=\left(i\theta^{\wedge 2}+kg+\varepsilon+V\right)(1-d)-D$$

$$P=2i\theta^{\wedge}+k\frac{\partial g}{\partial\theta}+\frac{\partial V}{\partial\theta}+\frac{\partial D}{\partial\theta}$$

解之: $\frac{\partial \lg c}{\partial\theta}=\theta^{\wedge}\psi e^{\theta^{\wedge}}\left\{\frac{2PD-P'E-E'P}{\left[\left(i\theta^{\wedge 2}+kg+\varepsilon+V\right)(1-d)-D\right]^2}\right\}>0$

$P>P'$

即地方政府决策竞争程度与企业创新投资额度的大小呈现正向相关关系。

（2）对于 k（溢出系数）而言

$$\frac{\partial lgc}{\partial k} = \theta^\wedge \psi \left\{ \frac{-\frac{\partial g}{\partial \theta}(i\theta^{\wedge 2} + kg + \varepsilon + V)(1-d) + g\left(2i\theta^\wedge + k\frac{\partial g}{\partial \theta} + \frac{\partial V}{\partial \theta} - \frac{\partial D}{\partial \theta}\right)}{[(i\theta^{\wedge 2} + kg + \varepsilon + V)(1-d) - D]^2} \right\} e^{\theta^\wedge}$$

上式的单调性取决于：

$$-\frac{\partial g}{\partial \theta}(i\theta^{\wedge 2} + kg + \varepsilon + V)(1-d) - D + g\left(2i\theta^\wedge + k\frac{\partial g}{\partial \theta} + \frac{\partial V}{\partial \theta} + \frac{\partial D}{\partial \theta}\right)$$

解之：

$$-\frac{\partial g}{\partial \theta}(i\theta^{\wedge 2} + kg + \varepsilon + V)(1-d) - D + g\left(2i\theta^\wedge + k\frac{\partial g}{\partial \theta} + \frac{\partial V}{\partial \theta} - \frac{\partial D}{\partial \theta}\right)$$

$$= \left(2gi\theta - \frac{\partial g}{\partial \theta}i\theta^{\wedge 2}(1-d)\right) + \left(gk\frac{\partial g}{\partial \theta} - gk\frac{\partial g}{\partial \theta}(1-d)\right) + \left(g\frac{\partial V}{\partial \theta} - \frac{\partial g}{\partial \theta}V(1-d)\right) +$$

$$\left(\frac{\partial g}{\partial \theta}(1-d)D - g\frac{\partial D}{\partial \theta}\right) > (3-d)i\theta^{\wedge 2} + dgk\frac{\partial g}{\partial \theta} + (g-v) +$$

$$\left((1-d)D - g\right) > 0$$

即地方政府决策竞争的大小程度与企业创新投资的溢出效用呈现正向的相关关系。

鉴于此，企业创新性投资的溢出系数会增加地方政府决策竞争的竞争程度。这也为避免地方政府之间决策竞争的产生提供了一条途径，政府可以通过宏观经济发展规划，去区域化发展，实现统一的区域规划发展，鼓励知识的共享，可以在一定程度上避免地方政府因晋升博弈的政治目的而造成过渡性的地方政府决策竞争的产生。

（3）对于 V（区域政治目的）而言

$$\frac{\partial lgc}{\partial V} = -\theta\psi e^\theta(1-d)\frac{\frac{\partial^2 V}{\partial \theta^2}(i\theta^2 + kg + \varepsilon + V) - \frac{D}{(1-d)} + \frac{\partial V}{\partial \theta}\left(2i\theta_A + k\frac{\partial g}{\partial \theta} + \frac{\partial V}{\partial \theta} - \frac{\partial D}{\partial \theta}\right)}{[(i\theta^2 + kg + \varepsilon + V)(1-d) - D]^2}$$

上式的单调性取决于下式：

$$-\frac{\partial^2 V}{\partial \theta^2}(i\theta^2 + kg + \varepsilon + V)(1-d) - D + \frac{\partial V}{\partial \theta}(1-d)\left(2i\theta + k\frac{\partial g}{\partial \theta} + \frac{\partial V}{\partial \theta} - \frac{\partial D}{\partial \theta}\right)$$

解之:

$$-\frac{\partial^2 V}{\partial \theta^2}(i\theta^2 + kg + \varepsilon + V) - \frac{D}{1-d}) + \frac{\partial V}{\partial \theta}\left(2i\theta + k\frac{\partial g}{\partial \theta} + \frac{\partial V}{\partial \theta} - \frac{\partial D}{\partial \theta}\right)$$

$$= \left(\frac{\partial V}{\partial \theta}2i\theta - \frac{\partial^2 V}{\partial \theta^2}i\theta^2\right) + \left(\frac{\partial V}{\partial \theta}k\frac{\partial g}{\partial \theta} - \frac{\partial^2 V}{\partial \theta^2}kg_A\right) + \left(\frac{\partial^2 V}{\partial \theta^2} - \frac{\partial^2 V}{\partial \theta^2}V\right) +$$

$$\left(\frac{\partial^2 V}{\partial \theta^2}\frac{D}{1-d} - \frac{\partial V}{\partial \theta}\frac{\partial D}{\partial \theta}\right) > (2i\theta) + \left(\frac{\partial V}{\partial \theta}k\frac{\partial g}{\partial \theta}\right) + \left|\frac{\partial^2 V}{\partial \theta^2}\right|(V-1) +$$

$$\left(\frac{\partial^2 V}{\partial \theta^2}\frac{D}{1-d} - \frac{\partial V}{\partial \theta}\frac{\partial D}{\partial \theta}\right) > 0$$

即地方政府决策竞争程度与地方政府的政治目的呈现正向相关关系。

鉴于此,地方政府的政治晋升博弈会增加地方政府决策性竞争。这也为避免地方政府之间决策竞争的产生提供了一条途径,政府可以通过调整对地方政府的政绩审核机制,在一定程度上减少地方政府因自我的晋升博弈,而造成过渡性的地方政府决策竞争。

(4)对于 d(惩罚系数)而言

$$\frac{\partial \lg c}{\partial \theta} = \theta \psi e^\theta \left[-\frac{(i\theta^2 + kg + \varepsilon + V)\left(2i\theta + k\frac{\partial g}{\partial \theta} + \frac{\partial V}{\partial \theta} - \frac{\partial D}{\partial \theta}\right)}{[(i\theta^2 + kg + \varepsilon + V)(1-d) - D]^2} \right]$$

因为, $(i\theta^2 + kg + \varepsilon + V)\left(2i\theta + k\frac{\partial g}{\partial \theta} + \frac{\partial V}{\partial \theta} - \frac{\partial D}{\partial \theta}\right) > 0$

即地方政府决策竞争程度与惩罚系数呈现反向相关关系。

鉴于此,增加企业创新投资失败后的惩罚程度会减少地方政府决策性竞争。这也为避免地方政府之间决策竞争的产生提供了一条途径,政府可以通过增加政策失败之后,对当地政府产生的负面影响,在一定程度上减少地方政府因自我的晋升博弈而造成的过渡性的地方政府决策竞争。

5.3 门槛之后的机制分析

当处于地方政府决策竞争与企业创新投资长期动态"∩"形关系的门槛之后时,企业最需要决策的是如何识别企业创新投资的失败以及企业创新投资的退出机制,中央政府如何减少地方政府决策竞争造成的危害。

5.3.1 企业创新投资失败的识别和退出分析

在单边信息不对称下,企业 X 和企业 Y 是双寡头的斯塔克尔伯格博弈,企业 X 有领导权和主动权,因此对企业创新投资失败的识别和退出机制的分析,主要是针对企业 Y 的分析。

在具有领导权的斯塔克尔伯格博弈模型中,企业 X 为了自己享有整个市场的需求量,在具有领导权的基础上,其会在企业 Y 进入市场进行投资时,继续增加市场的投资量,从而遏制企业 Y 进入投资。但是由于地方政府决策竞争的存在,企业 Y 的收益不仅仅来自自身的生产收益,还有地方政府给予的一定补助,只有当企业 Y 自身的收益加上地方政府给予的补助二者的总收益为零时,企业 Y 才会选择停止投资。企业创新投资失败的识别和退出的流程机制如下图 5-2 所示:

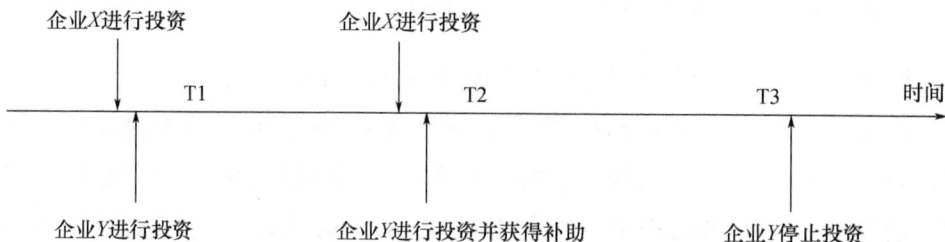

图 5-2 单边信息不对称下企业创新投资失败的识别和退出机制

注:Ti 为变化的节点

节点 1:

依据企业最优的创新投资额度可得,节点 1(T1)下,企业 X 和 Y 的最优投资额度为:

$$\theta_x^\wedge = f^{-1}\left(\frac{5c_x - 5r_x\theta_x - 7a + 2c_y - 2r_y\theta_y}{12bK^{x^1}L^{x^2}\mu}\right), \quad x^1 + x^2 = 1$$

$$\theta_y^\wedge = f^{-1}\left(\frac{2c_y - 2r_y\theta_y - a + r_x\theta_x - c_x}{6bK^{x^1}L^{x^2}\mu}\right), \quad x^1 + x^2 = 1$$

即当具有领导权的创新投资企业 A、B 的投资额度为 $\theta_x^\wedge = f^{-1}\left(\frac{5c_x - 5r_x\theta_x - 7a + 2c_y - 2r_y\theta_y}{12bK^{x^1}L^{x^2}\mu}\right)$，$x^1 + x^2 = 1$ 时,创新投资企业 Y 可以进入市场进行投资,其最优的投资额度为:$\theta_y^\wedge = f^{-1}\left(\frac{2c_y - 2r_y\theta_y - a + r_x\theta_x - c_x}{6bK^{x^1}L^{x^2}\mu}\right)$，$x^1 + x^2 = 1$。

节点 2:

在节点 2(T2)时,创新投资企业 Y 的自身的利润为零。进行投资决策时,企业 X 优先进行创新投资,企业利润最大化的目标函数为:

$$\pi_x = (p - c_x + r_x\theta_x) \cdot q_x - I_X + \varepsilon_X, I_x = i\theta_x^2$$

利润最大化的边界条件为:

$$\frac{\partial \pi_x}{\partial q_x} = \frac{\partial\left[(p - c_x + r_x\theta_x) \cdot q_x - i\theta_x^2 + \varepsilon_x\right]}{\partial q_x} = 0$$

解之:$q_x = \frac{1}{2b}(c_x - r_x\theta_x - a + bq_y)$

此时企业 Y 根据企业 X 的决策函数进入市场进行投资,企业 Y 的利润最大化目标规划为:

$$\pi_y = (p - c_y + r_y\theta_y) \cdot q_y - i\theta_y^2 + \varepsilon_y$$

其利润最大化的边界条件为:

$$\frac{\partial \pi_x}{\partial q_y} = \frac{\partial\left[(p - c_y + r_y\theta_y) \cdot q_y - i\theta_y^2 + \varepsilon_y\right]}{\partial q_y} = 0$$

解之:$q_y = 2q_x + a + r_x\theta_x - c_x$

此时企业 Y 的最大收益为:

$$\pi_y = (p - c_y + r_y\theta_y) \cdot (2q_x + a + r_x\theta_x - c_x) - i\theta_y^2 I_y + \varepsilon_y$$

求解 $\pi_y = (p - c_y + r_y\theta_y) \cdot (2q_x + a + r_x\theta_x - c_x) - i\theta_y^2 + \varepsilon_y = 0$

简化为:$6bq_x^2 + (2a + 5bS_1 + S_2)q_x + (aS_1 + bS_1^2 + S_1S_2 - i\theta_y^2) = 0$

其中 $\begin{cases} S_1 = a + r_x\theta_x - c_x \\ S_2 = -c_y + r_y\theta_y \end{cases}$

解之: $q_x = \dfrac{-(2a+5bS_1+S_2)+\sqrt{(2a+5bS_1+S_2)^2-24b(aS_1+bS_1^2+S_1S_2-i\theta_y^2)}}{12b}$

即此时企业 Y 要根据政府的补助程度进一步分析自身要不要再进行创新投资。

节点 3

假设地方政府给予的补助为一次性的补偿 $\lg BC$，此时，企业 Y 要重新根据收益函数进行分析[286]（Karats-Ozkan,2015）。

在节点 2 时，企业 Y 的自身利润为零，进行决策时，企业 X 先进行创新投资，企业利润最大化目标规划函数为：

$$\pi_x = (p - c_x + r_x\theta_x) \cdot q_x - I_X + \varepsilon_X, I_x = i\theta_x^2$$

其利润最大化的边界条件为：

$$\frac{\partial \pi_x}{\partial q_x} = \frac{\partial\left[(p - c_x + r_x\theta_x) \cdot q_x - i\theta_x^2 + \varepsilon_x\right]}{\partial q_x} = 0$$

解之: $q_x = \dfrac{1}{2b}(c_x - r_x\theta_x - a + bq_y)$

此时，企业 Y 的利润最大化规划为：

$$\pi_y = (p - c_y + r_y\theta_y) \cdot q_y - i\theta_y^2 + \varepsilon_y + \lg BC$$

其利润最大化的边界条件为：

$$\frac{\partial \pi_x}{\partial q_y} = \frac{\partial\left[(p - c_y + r_y\theta_y) \cdot q_y - i\theta_y^2 + \varepsilon_y + \lg BC\right]}{\partial q_y} = 0$$

解之: $q_y = 2q_x + a + r_x\theta_x - c_x$

此时企业 Y 的最大收益为：

$$\pi_y = (p - c_y + r_y\theta_y) \cdot (2q_x + a + r_x\theta_x - c_x) - i\theta_y^2 I_y + \varepsilon_y + \lg BC$$

解 $\pi_y = (p - c_y + r_y\theta_y) \cdot (2q_x + a + r_x\theta_x - c_x) - i\theta_y^2 + \varepsilon_y + \lg BC = 0$

简化为: $6bq_x^2 + (2a + 5bS_1 + S_2)q_x + (aS_1 + bS_1^2 + S_1S_2 - i\theta_y^2 - \lg BC) = 0$

其中 $\begin{cases} S_1 = a + r_x\theta_x - c_x \\ S_2 = -c_y + r_y\theta_y \end{cases}$

$$解之:q_x = \frac{-(2a+5bS_1+S_2)+\sqrt{(2a+5bS_1+S_2)^2-24b(aS_1+bS_1^2+S_1S_2-i\theta_y^2-\lg BC)}}{12b}$$

综上研究可知，当创新投资企业 X 的创新投资额度为 $\theta_x^\wedge = f^{-1}\left(\frac{5c_x-5r_x\theta_x-7a+2c_y-2r_y\theta_y}{12bK^{x^1}L^{x^2}\mu}\right)$ 时，创新投资企业 Y 选择进入市场进行投资，企业 Y

的最优投资额度为 $\theta_y^\wedge = f^{-1}\left(\frac{2c_y-2r_y\theta_y-a+r_x\theta_x-c_x}{6bK^{x^1}L^{x^2}\mu}\right)$；当创新投资企业 X 的增加其现

有的创新投资量达到

$$\theta_x^\wedge = f^{-1}\frac{-(2a+5bS_1+S_2)+\sqrt{(2a+5bS_1+S_2)^2-24b(aS_1+bS_1^2+S_1S_2-i\theta_y^2)}}{12bK^{x^1}L^{x^2}\mu}$$

时，企业 Y 选择观察的态度，如果地方政府给予补助，企业 Y 继续进行投资，如果地方政府不给予补助，企业 Y 选择停止投资；当地方政府给予补助时，当创新投资企业 X 的创新投资量继续增加到

$$\theta_x^\wedge = f^{-1}\left(\frac{-(2a+5bS_1+S_2)+\sqrt{(2a+5bS_1+S_2)^2-24b(aS_1+bS_1^2+S_1S_2-i\theta_y^2-\lg BC)}}{12bK^{x^1}L^{x^2}\mu}\right)$$

时，创新投资企业 Y 选择停止投资。

5.3.2　如何减少地方政府决策竞争造成的损失分析

依据本章建立的地方政府决策竞争的目标规划，政府进行决策时，其目标是两个区域的收益最大化，即 $\max U=F_A+F_B$。由于我国的税率是政府的决策税率制度，因此 $t_A=t_B$。

$$\max F = F_A + F_B$$

$$F_A = \max\big[\,(U_A-D_A)\cdot prob(\lg c > 0) + (-dU_A)\cdot prob(\lg c < 0)\,\big]$$

$$F_B = \max\big[\,(U_B-D_B)\cdot prob(\lg c > 0) + (-dU_B)\cdot prob(\lg c < 0)\,\big]$$

求解上述规划取得最大值的边界条件为：

$$D_A = D_B$$

解之：

$$F = (1-d)U - D$$

$$= (d-1)\big[\,i(\theta^*)^2 + k(1-t)(M+mM)^\alpha(N-nN)^\beta + \varepsilon + V\,\big] - D$$

$$U_A = U_B, D_A = D_B,$$

通过上式可以得知,当存在地方政府决策竞争的前提下,由于市场的需求决定了企业的最优投资额度,因此,地方政府决策竞争造成的危害主要由惩罚系数和溢出效用所决定。

1. 惩罚系数方面

通过上式可得,在区域整体效用与惩罚系数呈现正向相关关系,

$$\frac{\partial F}{\partial d} = \left[i(\theta^*)^2 + k(1-t)(M+mM)^\alpha (N-nN)^\beta + V \right] > 0$$

因此,政府通过增大地方政府决策竞争失败之后,对区域政府的惩罚程度,可在一定程度上减少因地方政府决策竞争造成的危害。

2. 从进取性竞争方面

由上文中的结果分析可知 $M_A^* = M_B^* = \dfrac{\alpha + n\alpha}{\alpha + \beta + m\beta - n\alpha}\theta$

(1) $\dfrac{\partial M_A^*}{\partial n} = \dfrac{\partial M_B^*}{\partial n} = \dfrac{-\alpha\beta(1+m)\theta}{(\alpha+\beta+m\beta-n\alpha)^2} < 0$,令 $Z = \dfrac{-\alpha\beta(1+m)\theta}{(\alpha+\beta+m\beta-n\alpha)^2}$

当 $\dfrac{\partial Z}{\partial \alpha} = 0, \alpha = \dfrac{(1+m)}{1-n}\beta$,即随着 α 的增大,当 $\alpha < \dfrac{(1+m)}{1-n}\beta$ 时,$\dfrac{\partial Z}{\partial \alpha} < 0$,当 $\alpha > \dfrac{(1+m)}{1-n}\beta$ 时,$\dfrac{\partial Z}{\partial \alpha} > 0$,即 Z 的变化先减后增;$\dfrac{\partial M_A^*}{\partial n} = \dfrac{\partial M_B^*}{\partial n}$ 的变化速度先增后减。

当 $\dfrac{\partial Z}{\partial \alpha} = 0, \beta = \dfrac{(1-n)}{1+m}\alpha$,即随着 β 的增大,当 $\beta < \dfrac{(1-n)}{1+m}\alpha$,$\dfrac{\partial Z}{\partial \alpha} > 0$,当 $\beta > \dfrac{(1-n)}{1+m}\alpha$,$\dfrac{\partial Z}{\partial \alpha} < 0$,即 Z 的变化先增后减;$\dfrac{\partial M_A^*}{\partial n} = \dfrac{\partial M_B^*}{\partial n}$ 的变化速度先减后增。

(2) $\dfrac{\partial M_A^*}{\partial m} = \dfrac{\partial M_B^*}{\partial n} = \dfrac{-\alpha\beta(1-n)\theta}{(\alpha+\beta+m\beta-n\alpha)^2} < 0$,令 $Z = \dfrac{-\alpha\beta(1-n)\theta}{(\alpha+\beta+m\beta-n\alpha)^2}$

当 $\dfrac{\partial Z}{\partial \alpha} = 0, \alpha = \dfrac{(1+m)}{1-n}\beta$ 即随着 α 的增大,当 $\alpha < \dfrac{(1+m)}{1-n}\beta$ 时,$\dfrac{\partial Z}{\partial \alpha} < 0$,当 $\alpha > \dfrac{(1+m)}{1-n}\beta$ 时,$\dfrac{\partial Z}{\partial \alpha} > 0$ 即 Z 的变化先减后增;$\dfrac{\partial M_A^*}{\partial n} = \dfrac{\partial M_B^*}{\partial n}$ 的变化速度先增后减。

当 $\dfrac{\partial Z}{\partial \beta} = 0, \beta = \dfrac{(1-n)}{1+m}\alpha$,即随着 β 的增大,当 $\beta < \dfrac{(1-n)}{1+m}\alpha$ 时,$\dfrac{\partial Z}{\partial \beta} > 0$,当 $\beta > \dfrac{(1-n)}{1+m}\alpha$

时,$\frac{\partial Z}{\partial \beta}<0$,即 Z 的变化先增后减;$\frac{\partial M_A^*}{\partial n}=\frac{\partial M_B^*}{\partial n}$ 的变化速度先减后增。

综上所述:当两个辖区政府之间已经做出政府决策竞争时,进取性投资竞争无论在 n 和 m 如何变化的情况下,随着 α 的增加其进取性投资的收益降低速度先减小后增长,随着 β 的增加其进取性投资的收益降低速度先增加后减小。在此过程中政府可以适当地增加收益函数

$$U = (\pi + kg + \varepsilon + V)prob(\pi_A > \pi_B) + (\pi + kg + \varepsilon)prob(\pi_A < \pi_B)$$

中 α 达到 $\alpha = \frac{(1+m)}{1-n}\beta$,使其收益降低的速度减小,度过初始竞争期,加之政府可适当增加进取性投资补助,增加保护性投资的征税税额,使其在以后的竞争过程中增加优势,减少地方政府竞争。

3. 从保护性竞争方面

（1）$\frac{\partial N_A^*}{\partial n}=\frac{\partial N_B^*}{\partial n}=\frac{\alpha\beta(1+m)\theta}{(\alpha+\beta+m\beta-n\alpha)^2}>0$,令 $Z=\frac{-\alpha\beta(1-n)\theta}{(\alpha+\beta+m\beta-n\alpha)^2}$

当 $\frac{\partial Z}{\partial \alpha}=0$,$\alpha=\frac{(1+m)}{1-n}\beta$,即随着 α 的增大,当 $\alpha<\frac{(1+m)}{1-n}\beta$ 时,$\frac{\partial Z}{\partial \alpha}<0$,当 $\alpha>\frac{(1+m)}{1-n}\beta$ 时,$\frac{\partial Z}{\partial \alpha}>0$,即 Z 的变化先减后增;$\frac{\partial M_A^*}{\partial n}=\frac{\partial M_B^*}{\partial n}$ 的变化速度先增后减。

当 $\frac{\partial Z}{\partial \beta}=0$,$\beta=\frac{(1-n)}{1+m}\alpha$,即随着 β 的增大,当 $\beta<\frac{(1-n)}{1+m}\alpha$ 时,$\frac{\partial Z}{\partial \beta}>0$,当 $\beta>\frac{(1-n)}{1+m}\alpha$ 时,$\frac{\partial Z}{\partial \beta}<0$,即 Z 的变化先增后减;$\frac{\partial M_A^*}{\partial n}=\frac{\partial M_B^*}{\partial n}$ 的变化速度先减后增。

（2）$\frac{\partial M_A^*}{\partial m}=\frac{\partial M_B^*}{\partial m}=\frac{\alpha\beta(1-n)\theta}{(\alpha+\beta+m\beta-n\alpha)^2}>0$,$Z=\frac{\alpha\beta(1-n)\theta}{(\alpha+\beta+m\beta-n\alpha)^2}$

当 $\frac{\partial Z}{\partial \alpha}=0$,$\alpha=\frac{(1+m)}{1-n}\beta$,即随着 α 的增大,当 $\alpha<\frac{(1+m)}{1-n}\beta$ 时,$\frac{\partial Z}{\partial \alpha}<0$,当 $\alpha>\frac{(1+m)}{1-n}\beta$ 时,$\frac{\partial Z}{\partial \alpha}>0$,即 Z 的变化先减后增;$\frac{\partial M_A^*}{\partial n}=\frac{\partial M_B^*}{\partial n}$ 的变化速度先增后减。

当 $\frac{\partial Z}{\partial \beta}=0$,$\beta=\frac{(1-n)}{1+m}\alpha$,即随着 β 的增大,当 $\beta<\frac{(1-n)}{1+m}\alpha$ 时,$\frac{\partial Z}{\partial \beta}>0$,当 $\beta>\frac{(1-n)}{1+m}\alpha$

时，$\dfrac{\partial Z}{\partial \beta} < 0$，即 Z 的变化先增后减；$\dfrac{\partial M_A^*}{\partial n} = \dfrac{\partial M_B^*}{\partial n}$ 的变化速度先减后增。

综上所述，当两个辖区政府之间已经做出政府决策竞争时，保护性投资竞争无论在 n 和 m 如何变化的情况下，随着 α 的增加其进取性投资的收益增加速度先增大后减少，随着 β 的增加其进取性投资的收益增加速度先减小后增大。在此过程中政府可以适当地减小收益函数

$$U = (\pi + kg + \varepsilon + V)prob(\pi_A > \pi_B) + (\pi + kg + \varepsilon)prob(\pi_A < \pi_B)$$

中 α 达到 $\alpha = \dfrac{(1+m)}{1-n}\beta$，使得其收益增加的速度减小，从而减小其保护性投资，使其度过初始竞争期，加之政府可以适当增加进取性投资的补助，增加保护性投资征税的税额，使保护性投资在以后的竞争过程中失去优势，从而减少地方政府之间的竞争。

5.4　本章小结

本章在单边信息不对称的假设下分析地方政府决策竞争对企业创新投资的影响机制，主要内容分为三个部分，第一部分阐述本章的研究模型、假设，以及对变量进行设定；第二、三部分分别从地方政府决策竞争和企业创新投资的长期动态"∩"形关系的门槛（转折点）之前和之后两个维度研究地方政府决策竞争对企业创新投资的均衡影响（投资地点的选择、最优投资额度、投资失败的识别和退出机制），以及如何避免地方政府决策竞争的产生和如何减少因地方政府决策竞争而造成的损失。

第六章 双边信息不对称的机制分析

第五章分析了不完全信息下的一种情况,单边信息不对称下的地方政府决策竞争对企业创新投资的作用机制,还有一种不完全信息的情况,即双边信息不对称问题。本章在双边信息不对称视角下,依据地方政府决策参照点与企业创新投资决策参照点的异同,分别分析地方政府决策竞争影响下的企业创新投资的最优投资额度、创新投资的地点选择、创新投资失败的识别和退出机制,以及中央政府如何避免地方政府决策竞争和如何减少地方政府决策竞争所造成的损失。

6.1 模 型 构 建

6.1.1 研究假设

在双边信息不对称的前提下,中央政府与地方政府之间是信息不对称的委托代理关系,地方政府之间是严格的竞争关系。地方政府为了吸引企业的创新投资而给予优惠政策。进行创新投资的两个企业是完全的竞争关系,各自在相互信息不对称下进行独立投资决策。双边信息不对称下的概念研究模型如下图 6-1 所示。

本章关于政府、地方政府和创新投资企业三者的假设如下:

1. 政府方面的研究假设

H6-1:中央政府是"不完全理性"的决策主体,中央政府与地方政府之间是委托代理关系,而且二者之间的信息是不对称的关系。政府的目标是全社会的福利最大化。

H6-2:中央政府制定出台的相关宏观经济刺激政策对企业的创新投资有重要的导向性影响,而且还在一定程度上影响企业创新投资的投资程度。

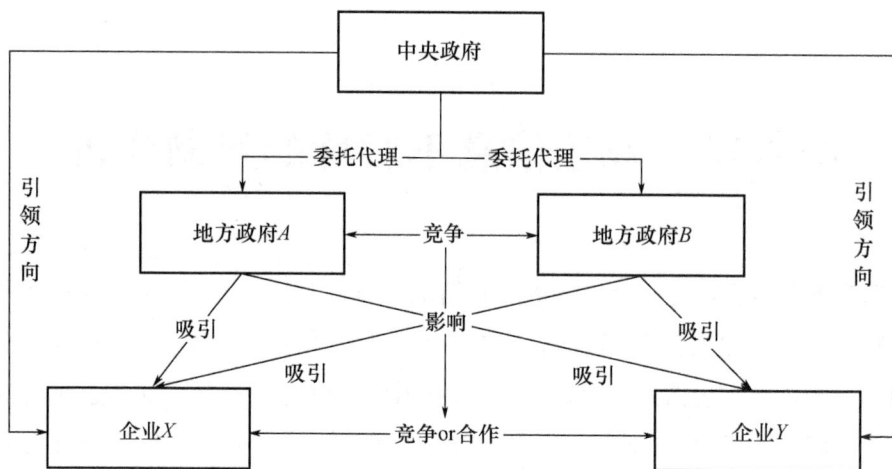

图6-1 双边信息不对称下地方政府决策竞争对企业创新投资影响的概念模型

H6-3:由于信息的不对称,中央政府对地方政府的政绩考核主要是通过地方政府的经济成效进行判断。

2. 地方政府方面的研究假设

H6-4:地方政府是"不完全理性"的决策主体,地方政府的目标是本区域的经济增长和政治晋升收益。

H6-5:地方政府主要通过财政补助、税收减免和其他方面的优惠政策吸引企业的创新投资。

H6-6:地方政府对外商企业创新投资的观点是"拿来主义",即地方政府对外商企业创新投资的态度是越多越好,因为地方政府认为外商企业的创新投资只会增加本区域的正向收益而不会对自己的政治晋升造成损害。

H6-7:地方政府之间是严格的竞争关系。

H6-8:当地方政府吸引的企业创新投资没有达到其相应的经济效果之后,地方政府要受到一定的惩罚。

3. 创新投资企业方面的研究假设

H6-9:创新投资企业满足经济学"理性人"的假设,其目标是为了自身企业的经济利益最大化。

H6-10：创新投资企业之间是严格的信息不对称关系，即企业 X 不知道企业 Y 的投资战略，企业 Y 不知道企业 X 的投资战略。

H6-11：企业创新投资的决策者的风险偏好态度可分为三类：风险喜好型、风险中立型和风险规避型。

H6-12：企业创新投资的决策环境是区别于随机决策环境和模糊决策环境的一种状态，即不确定的决策环境。

H6-13：企业创新投资一次只能把一笔固定的投资投入到一个区域，而不能分开进行投资。

6.1.2 变量设定

1. 地方政府方面变量设定

地方政府的目标函数主要分成三部分：企业创新投资的直接收益、企业创新投资的"溢出效应"和地方政府的政治晋升收益。

U_A、U_B 分别表示两个地方政府 A、B 的总体效用函数。

prob 函数是在不确定决策环境下的辨识函数。

π_A、π_B 分别表示两个地方政府 A、B 的直接收益函数。

$\pi_A = i\theta_A^2$，$\pi_B = i\theta_B^2$。

$k_A g_A$、$k_B g_B$ 表示两个地方政府 A、B 的"溢出效应"函数，其中 k_A、k_B 分别表示两个地方政府 A、B 的溢出系数。依据 Wang[16]（2015）的研究基础，本文将地方政府吸引到的创新性投资分成两类：进取性投资和保护性投资。

$$g_A = (1 - t_A)(M_A + mM_B)^\alpha (N_A - nN_B)^\beta$$
$$g_B = (1 - t_B)(M_A + mM_B)^\alpha (N_A - nN_B)^\beta$$

式中，t_A、t_B 表示 A、B 两个辖区的税率，M 表示进取性投资，N 表示保护性投资，m 是衡量共赢性行为的参数，n 是衡量自利性行为的参数，α、β 是实常数。

V_A、V_B 分别表示两个地方政府 A、B 的政治晋升收益函数。

R_A、R_B 分别表示两个地方政府 A、B 的直接收益和"溢出效应"的总收益函数。

ε_A、ε_B 分别表示两个地方政府 A、B 的 R_A、R_B 函数的随机扰动项。

d 为惩罚系数，包括地区政府的信誉、经济建设、项目等等。

D 为地方政府付出的努力，D_A 为区域 A 政府付出的努力，D_B 为区域 B 政府付出的努力。

lg$c$ 表示地方政府之间的竞争程度,lg$c = D_A - D_B$。

2. 企业创新投资方面变量设定

企业的目标函数是企业的收益最大化,两家创新投资企业的收益函数为 π_x、π_y。

x, y 是指两家创新投资企业。

$p = a + bq$ 是市场的需求函数,p 是市场的产品价格,a、b 是系数,$a>0$,$b<0$,q 是市场需求。

c 是企业的成本函数。

I 是企业的创新投资函数,依据 M. G. Akhmadeev 对供应链上企业的投资研究可得,可将企业的投资定为如下函数:$I = g(\theta) = i\theta^2$。其中 i 是企业创新投资的投资系数,θ 是企业的创新投资金额,企业创新投资系数为单凸函数,依据 Jammernegg 理论可知企业的创新投资具有规模效应递减的效果。

ε_x、ε_y 是创新投资企业 x、y 投资收益函数的随机扰动项。

$r_x\theta_x$、$r_y\theta_y$ 分别表示企业投入创新投资之后企业生产成本的减少量,其中 r_A、r_B 表示边际系数。

6.1.3 研究模型

在双边信息不对称下的前提下,由于地方政府 A 与地方政府 B 之间、地方政府与创新投资企业之间、创新投资企业 x 与创新投资企业 y 之间是双边信息不对称的关系。因此,地方政府与创新投资企业之间各自根据自身已有的信息和参照点进行决策。

1. 地方政府的规划模型

依据 6.1.2 关于地方政府方面变量设定,和研究假设 H6-4 和 H6-7,本文建立地方政府的目标规划模型如下:

$$\max F_a = \max\{(U_A - D_A)\cdot\text{prob}(\lg c>0) + (-dU_A)\cdot\text{prob}(\lg c<0)\}$$

$$U_A = (i\theta_A^2 + k_A g_A + \varepsilon_A + V_A)\text{prob}(i\theta_A^2 > i\theta_B^2) + (i\theta_A^2 + k_A g_A + \varepsilon_A)\text{prob}(i\theta_A^2 < i\theta_B^2)$$

$$U_B = (i\theta_B^2 + k_B g_B + \varepsilon_B + V_B)\text{prob}(i\theta_A^2 < i\theta_B^2) + (i\theta_B^2 + k_B g_B + \varepsilon_B)\text{prob}(i\theta_A^2 > i\theta_B^2)$$

$$g_A = (1-t_A)(M_A+mM_B)^{\alpha}(N_A-nN_B)^{\beta}$$

$$g_B = (1-t_B)(M_A+mM_B)^{\alpha}(N_A-nN_B)^{\beta}$$

2. 创新投资企业的规划模型

在双边信息不对称的前提下,依据 6.1.2 关于企业创新投资方面变量设定和研究假设 H6-9 和 H6-11,并且考虑企业决策者不同风险偏好态度的情况,对于风险的描述运用 CVaR 的方法,本文建立企业创新投资的目标规划模型如下:

$$\pi^* = \frac{1-\eta}{1-\gamma}E(\pi(\theta)) + \frac{\eta-\gamma}{1-\gamma}Q_{CVaR_\gamma}[\pi(\theta)]$$

当 $\eta-\xi>0$ 时,创新投资企业的风险态度为风险喜好型;当 $\eta-\xi<0$ 时,创新投资企业的风险态度为风险规避型;当 $\eta-\xi=0$ 时,创新投资企业的风险态度为风险中立型。

6.2 地方政府与企业的参照点相同时的机制分析

当地方政府对吸引企业创新投资的决策参照点和企业创新投资的决策参照点相同时,地方政府为了吸引企业创新投资付出的努力能促进区域收益的最大化,企业的最优创新投资额度也能满足自身收益的最大化。因此,地方政府和创新投资企业都各自依据自身收益最大化的边界条件进行决策。

6.2.1 企业创新投资的最优投资额度分析

当地方政府决策参照点与企业创新投资参照点一致时,即企业最优的创新投资额度也是地方政府最想要吸引的最优值,此时在双边信息不对称前提下,两家创新投资企业同时根据自身收益函数最大化的决策标准进行投资,其规划如下:

$$X\text{ 企业}: \max\pi_X^* = \frac{1-\eta_X}{1-\gamma_X}E(\pi_X(\theta_X)) + \frac{\eta_X-\gamma_X}{1-\gamma_X}Q_{CVaR_\gamma}[\pi_X(\theta_X)]$$

$$Y\text{ 企业}: \max\pi_Y^* = \frac{1-\eta_B}{1-\gamma_B}E(\pi_Y(\theta_Y)) + \frac{\eta_Y-\gamma_Y}{1-\gamma_Y}Q_{CVaR_\gamma}[\pi_Y(\theta_Y)]$$

对上述规划进行求解,其取最大值的边界条件为:

$$\frac{\partial \pi_X^*}{\partial \theta_X} = \frac{\partial \left\{ \frac{1-\eta_X}{1-\gamma_X} E[\pi_x(\theta_X)] + \frac{\eta_X-\gamma_X}{1-\gamma_X} Q_{\mathrm{CVaR}_\gamma}[\pi_X(\theta_X)] \right\}}{\partial \theta_A} = 0$$

$$\frac{\partial \pi_X^*}{\partial \theta_X} = \frac{\partial \left\{ \frac{1-\eta_Y}{1-\gamma_Y} E[\pi_Y(\theta_Y)] + \frac{\eta_Y-\gamma_Y}{1-\gamma_Y} Q_{\mathrm{CVaR}_\gamma}[\pi_Y(\theta_Y)] \right\}}{\partial \theta_Y} = 0$$

市场的需求函数为: $p = a + b(q_A + q_B)$;

不确定理论下的期望求解为: $E(\varepsilon) = \int_0^{+\infty} M(\varepsilon \geq r) dr - \int_{-\infty}^0 M(\varepsilon \leq r) dr$;

辨识函数 M 为:

$$M(\varepsilon \in B) = \begin{cases} \int_B \lambda(x) dx, & \text{当} \int_B \lambda(x) dx < 0.5 \\ 1 - \int_B \lambda(x) dx, & \text{当} \int_B \lambda(x) dx \geq 0.5 \end{cases}$$

解之:

$$\theta_X^* = \frac{\frac{a(a-p)r_X}{3b^2} + \sqrt{\left[\frac{a(a-p)r_X}{3b^2}\right]^2 - 4i_X \frac{r_X - r_X\eta_X + \eta_X - \gamma_X}{r_X(1+\gamma_X-2\eta_X)} - \frac{a(a-p)(p-c)}{3b^2}}}{2i_X}$$

$$\theta_Y^* = \frac{\frac{a(a-p)r_Y}{3b^2} + \sqrt{\left[\frac{a(a-p)r_Y}{3b^2}\right]^2 - 4i_Y \frac{r_Y - r_Y\eta_Y + \eta_Y - \gamma_Y}{r_Y(1+\gamma_Y-2\eta_Y)} - \frac{a(a-p)(p-c)}{3b^2}}}{2i_Y}$$

又因为企业的 r_X 和 r_Y 与地方政府决策竞争程度 $\lg c$ 有关,因此可以将 r_X 和 r_Y 改为 $G(\lg c)$。依据傅强、马青[297](2016)的研究认为 $G(\lg c)$ 为 $\lg c$ 的一元函数,即 $G(\lg c) \approx \lg c$,上式变为:

$$\theta_X^* = \frac{\frac{a(a-p)\lg c}{3b^2} + \sqrt{\left[\frac{a(a-p)\lg c}{3b^2}\right]^2 - 4i_X \frac{\lg c - \lg c\eta_X + \eta_X - \gamma_X}{\lg c(1+\gamma_X-2\eta_X)} - \frac{a(a-p)(p-c)}{3b^2}}}{2i_X}$$

$$\theta_Y^* = \frac{\frac{a(a-p)\lg c}{3b^2} + \sqrt{\left[\frac{a(a-p)\lg c}{3b^2}\right]^2 - 4i_Y \frac{\lg c - \lg c\eta_Y + \eta_Y - \gamma_Y}{\lg c(1+\gamma_Y-2\eta_Y)} - \frac{a(a-p)(p-c)}{3b^2}}}{2i_Y}$$

依据上式,企业可以根据决策者自身的风险偏好态度进行最优的创新投资金额的计算。

6.2.2　企业创新投资的地点选择

当地方政府决策者的参照点和企业创新投资决策的参照点相同时,对于创新投资企业而言,其选择哪个区域进行创新投资主要取决于该区域的地方政府给予的优惠多。给予企业的优惠越多,对其减少生产成本的贡献就越大,因此,分析创新投资企业选取哪个区域进行投资关键是分析 A、B 两个区域政府所付出的努力更大。

依据研究的假设可知,地方政府的目标函数为:

$$U_A = (\pi_A + k_A g_A + \varepsilon_A + V_A)\mathrm{prob}(\pi_A > \pi_B) +$$
$$(\pi_A + k_A g_A + \varepsilon_A)\mathrm{prob}(\pi_A < \pi_B)$$
$$U_B = (\pi_B + k_B g_B + \varepsilon_B + V_B)\mathrm{prob}(\pi_A < \pi_B) +$$
$$(\pi_B + k_B g_B + \varepsilon_B)\mathrm{prob}(\pi_A > \pi_B)$$
$$g_A = (1 - t_A)(M_A + mM_B)^\alpha (N_A - nN_B)^\beta;$$
$$g_B = (1 - t_B)(M_A + mM_B)^\alpha (N_A - nN_B)^\beta$$

d 为惩罚系数,惩罚包括地区的信誉、经济建设、项目等。

D 为区域地方政府付出的努力,D_A 为区域 A 政府付出的努力,D_B 为区域 B 政府付出的努力。

$\lg c$ 表示地方政府之间的竞争程度,$\lg c = D_A - D_B$。

企业创新投资的成本减少与地方政府决策竞争有关,$r = G(\lg c) \approx \lg c$。

地方政府的目标规划为:

$$\max Fi = \max\{(Ui - Di)\mathrm{prob}(\lg c > 0) + (-dUi)\mathrm{prob}(\lg c < 0)\}, i = A、B$$
$$U_A = (\pi_A + k_A g_A + \varepsilon_A + V_A)\mathrm{prob}(\pi_A > \pi_B) +$$
$$(\pi_A + k_A g_A + \varepsilon_A)\mathrm{prob}(\pi_A < \pi_B)$$
$$U_B = (\pi_B + k_B g_B + \varepsilon_B + V_B)\mathrm{prob}(\pi_A < \pi_B) +$$
$$(\pi_B + k_B g_B + \varepsilon_B)\mathrm{prob}(\pi_A > \pi_B)$$

依据拉格朗日函数求最大值的方法,地方政府目标规划取最大值的边界条件为:

$$\frac{\partial F_A}{\partial \theta} = 0$$

以 A 区的地方政府为例进一步求解：

$$\frac{\partial F}{\partial \theta} = \left(2i\theta_A + k_A\frac{\partial g_A}{\partial \theta} + \frac{\partial V_A}{\partial \theta} - \frac{\partial D_A}{\partial \theta}\right)\text{prob}(\lg c > 0) +$$

$$(i\theta_A^2 + k_Ag_A + V_A - D_A)\frac{\partial[\text{prob}(\lg c > 0)]}{\partial \theta} -$$

$$d\frac{\partial D_A}{\partial \theta}\text{prob}(\lg c < 0) + (-dU_A)\frac{\partial[\text{prob}(\lg c < 0)]}{\partial \theta} = 0$$

依据隐函数的对称性：$\dfrac{\partial[\text{prob}(\lg c>0)]}{\partial \theta} = \dfrac{\partial[\text{prob}(\lg c<0)]}{\partial \theta}$

化可简为：

$$\left(2i\theta_A + k_A\frac{\partial V_A}{\partial \theta} - \frac{\partial D_A}{\partial \theta}\right)\text{prob}(\lg c > 0) +$$

$$[U_A(1 - d) - D_A]\frac{\partial[\text{prob}(\lg c > 0)]}{\partial \theta} = 0$$

求解上述一元一次的微分方程为：

$$\text{prob}(\lg c>0) = \psi\left(-\frac{(2i\theta_A + k_A\frac{\partial V_A}{\partial \theta} - \frac{\partial D_A}{\partial \theta})}{(i\theta_A^2 + k_Ag_A + \varepsilon_A + V_A)(1 - d) - D_A}\right)e^\theta,\text{其中}\psi\text{为常数。}$$

进一步根据不确定理论的辨识函数可知，

$$\psi\left(-\frac{(2i\theta_A + k_A\frac{\partial V_A}{\partial \theta} - \frac{\partial D_A}{\partial \theta})}{(i\theta_A^2 + k_Ag_A + \varepsilon_A + V_A)(1 - d) - D_A}\right)e^\theta$$

$$= \begin{cases} \int_A \lg c(\theta)d\theta + \sup\limits_{A \neq B}\lg c(\theta), \text{当其小于}0.5 \\ \\ 1 - \int_A \lg c(\theta)d\theta + \sup\limits_{A \neq B}\lg c(\theta), \text{当其大于}0.5 \end{cases}$$

解之可得地方政府竞争决策程度与企业创新投资关系为：

$$\psi\left(-\frac{\left(2i\theta_A + k_A\frac{\partial V_A}{\partial \theta} - \frac{\partial D_A}{\partial \theta}\right)}{(i\theta_A^2 + k_Ag_A + \varepsilon_A + V_A)(1 - d) - D_A}\right)e^\theta = \int_A \lg c(\theta)d\theta + \sup\limits_{A \neq B}\lg c(\theta)$$

求解上述积分方程可得区域 A 的地方政府竞争范围为：

$$\left[\psi\left(-\frac{\left(2i\theta_A+k_A\frac{\partial g_A}{\partial\theta}+\frac{\partial V_A}{\partial\theta}-\frac{\partial D_A}{\partial\theta}\right)}{(i\theta_A^2+k_Ag_A+\varepsilon_A+V_A)(1-d)-D_A}\right)\theta,\right.$$

$$\left.\theta\psi\left(-\frac{\left(2i\theta_A+k_A\frac{\partial g_A}{\partial\theta}+\frac{\partial V_A}{\partial\theta}-\frac{\partial D_A}{\partial\theta}\right)}{(i\theta_A^2+k_Ag_A+\varepsilon_A+V_A)(1-d)-D_A}\right)e\right]$$

其中 $\theta^*=\theta^*{}_X+\theta^*{}_Y$，在上述范围内，企业选择在区域 A 进行投资，同理也计算 B 区域的地方政府为吸引投资而产生的地方政府决策竞争范围。

$$\left[\psi\left(-\frac{\left(2i\theta_B+k_B\frac{\partial g_B}{\partial\theta}+\frac{\partial V_B}{\partial\theta}-\frac{\partial D_B}{\partial\theta}\right)}{(i\theta_B^2+k_Bg_B+\varepsilon_B+V_B)(1-d)-D_B}\right)\theta^*,\right.$$

$$\left.\theta^*\psi\left(-\frac{\left(2i\theta_B+k_A\frac{\partial g_A}{\partial\theta}+\frac{\partial V_A}{\partial\theta}-\frac{\partial D_A}{\partial\theta}\right)}{(i\theta_B^2+k_Bg_B+\varepsilon_B+V_B)(1-d)-D_B}\right)e^{\theta^*}\right]$$

6.2.3　企业创新投资失败的识别和退出机制分析

依据 F. Cecelja[288]（2015）的研究，企业创新投资失败的识别和退出机制为停止创新投资和被其他企业并购两种机制，在双边信息不对称下的古诺模型可知，市场的最优投资额度为：

$$\pi=pq,p=a+bq$$
$$q=f(\theta)K^{x^1}L^{x^2}\mu,X^1+X^2=1$$

解之：$q=\frac{-a}{3b}$

依据生产函数 $q=\frac{-a}{3b}=f(\theta)K^{x^1}L^{x^2}\mu$ 和不同风险偏好态度下的最优投资额度：

$$\theta^*=\frac{\frac{a(a-p)\lg c}{3b^2}+\sqrt{\left[\frac{a(a-p)\lg c}{3b^2}\right]^2-4i\left[\frac{\lg c-\lg c\eta+\eta-\gamma}{\lg c(1+\gamma-2\eta)}-\frac{a(a-p)(p-c)}{3b^2}\right]}}{2i}$$

当企业创新投资的收益为零时，企业选择退出投资。其边界条件为：

$$M_B=M_C$$

解之：$\theta^*=\frac{p}{K^{x^1}L^{x^2}\mu}\theta^*+\zeta$，$\xi$ 为常数

当企业在被并购之时会被给予企业一次性的收益补偿和未来的收益权[298]（鞠海龙,2015）,假设一次性给予企业的补偿为 BC（Benefit Compensation）,一定的收益权 ω。依据企业收益最大化的决策目标,当企业被并购之后的总收益大于继续投资的收益时,企业选择被并购。其决策函数如下：

$$pq\omega + BC = pq, p = a - bq$$

$$q = f(\theta)K^{x^1}L^{x^2}\mu, X^1 + X^2 = 1$$

解之： $f(\theta) = a + \sqrt{a^2 + \dfrac{4bBC}{4b^2K^{2x^1}L^{x^2}\mu(1-\omega)}}, X^1 + X^2 = 1$

综上研究可知,在企业创新投资金额小于 θ^* 时,企业会选择继续进行创新投资；当企业创新投资金额满足时 $f(\theta) = a + \sqrt{a^2 + \dfrac{4bBC}{4b^2K^{2x^1}L^{x^2}\mu(1-\omega)}}$,企业会选择被并购；在总市场中企业投资金额为 $\theta^* = \dfrac{p}{K^{x^1}L^{x^2}\mu}\theta^* + \zeta$ 时,企业选择直接停止创新投资。

6.3 地方政府的参照点大于企业的参照点时的机制分析

当地方政府决策竞争的参照点大于企业创新投资决策的参照点时,政府为了吸引更多企业创新投资会付出更多的"努力",既加剧了地方政府之间的决策竞争,又过度地吸引了投资,导致了区域经济无法实现帕累托最优。

6.3.1 企业创新投资的最优投资额度分析

当地方政府决策竞争的参照点大于企业创新投资决策的参照点时,企业决策中除了自身的投资产生收益之外,还有一部分就是地方政府为了吸引企业创新投资而付出的"努力"。本文假设这些努力为 $H = H(\lg c)$。

创新投资企业根据自身收益函数最大化的决策标准进行投资,其规划如下：

$$X\text{ 企业：}\max\pi_x^* = \frac{1-\eta_x}{1-\gamma_x}E(\pi_x(\theta_x)) + \frac{1-\eta_x}{1-\gamma_x}Q_{\mathrm{CVaR}_\gamma}[\pi_x(\theta_x)] + H_x(\lg c)$$

$$Y\text{ 企业：}\max\pi_\gamma^* = \frac{1-\eta_\gamma}{1-\gamma_\gamma}E(\pi_\gamma(\theta_\gamma)) + \frac{1-\eta_\gamma}{1-\gamma_\gamma}Q_{\mathrm{CVaR}_\gamma}[\pi_\gamma(\theta_\gamma)] + H_\gamma(\lg c)$$

对上述规划进行求解,其取得最大值的条件为:

$$\frac{\partial \pi_x^*}{\partial \theta_x} = \frac{\partial \left\{ \frac{1-\eta_x}{1-\gamma_x} E(\pi_x(\theta_x)) + \frac{\eta_x - \gamma_x}{1-\gamma_x} Q_{CVaR_\gamma}[\pi_x(\theta_x)] + H_x(\lg c) \right\}}{\partial \theta_x} = 0$$

$$\frac{\partial \pi_\gamma^*}{\partial \theta_\gamma} = \frac{\partial \left\{ \frac{1-\eta_\gamma}{1-\gamma_\gamma} E(\pi_\gamma(\theta_\gamma)) + \frac{\eta_\gamma - \gamma_\gamma}{1-\gamma_\gamma} Q_{CVaR_\gamma}[\pi_\gamma(\theta_\gamma)] + H_\gamma(\lg c) \right\}}{\partial \theta_\gamma} = 0$$

市场的需求函数为:$p = a + b(q_A + q_B)$;

不确定性理论下的期望求解为:

$$E(\varepsilon) = \int_0^{+\infty} M(\varepsilon \geq r)dr - \int_{-\infty}^0 M(\varepsilon \leq r)dr$$

辨识函数 M 为:

$$M(\varepsilon \in B) = \begin{cases} \int_B \lambda(x)dx, & \text{当} \int_B \lambda(x)dx < 0.5 \\ 1 - \int_B \lambda(x)dx, & \text{当} \int_B \lambda(x)dx < 0.5 \end{cases}$$

解之:

$$\theta_X^* = \frac{\frac{a(a-p)r_x}{3b^2} + \sqrt{\left[\frac{a(a-p)r_x}{3b^2}\right]^2 - 4i_x\left[\frac{rx-rx\eta x+\eta x-rx}{rx(1+rx-2\eta x)} - \frac{a(a-p)(p-c)}{3b^2} + (1+rx)Hx(\lg c)\right]}}{2i_x}$$

$$\theta_\gamma^* = \frac{\frac{a(a-p)r_\gamma}{3b^2} + \sqrt{\left[\frac{a(a-p)r_\gamma}{3b^2}\right]^2 - 4i_\gamma\left[\frac{r\gamma-r\gamma\eta\gamma+\eta\gamma-r\gamma}{rx(1+r\gamma-2\eta\gamma)} - \frac{a(a-p)(p-c)}{3b^2} + (1+r\gamma)H\gamma(\lg c)\right]}}{2i_\gamma}$$

依据上式,企业可以根据决策者自身的风险偏好态度进行最优的创新投资金额的计算。

6.3.2　企业创新投资的地点选择

当地方政府决策竞争的参照点大于企业创新投资决策的参照点时,对于创新投资的企业而言,其选择哪个区域进行投资主要取决于哪个区域政府给予的优惠多,给予企业的优惠越多,对其减少生产成本的贡献就越大。因此,分析企业选取哪个区域进行创新投资关键是分析 A、B 两个区域政府所付出的"努力"哪个更大。

依据假设可知,地方政府的目标函数为:

$$U_A = (\pi_A + k_A g_A + \varepsilon_A + V_A)\operatorname{prob}(\pi_A > \pi_B) +$$
$$(\pi_A + k_A g_A + \varepsilon_A)\operatorname{prob}(\pi_A < \pi_B)$$
$$U_B = (\pi_B + k_B g_B + \varepsilon_B + V_B)\operatorname{prob}(\pi_A < \pi_B) +$$
$$(\pi_B + k_B g_B + \varepsilon_B)\operatorname{prob}(\pi_A > \pi_B)$$

d 为惩罚系数,惩罚包括地区的信誉、经济建设、项目等。

D 为区域地方政府付出的努力。

$\lg c$ 表示地方政府之间的竞争程度,$\lg c = D_A - D_B$。

企业创新投资的成本减少与地方政府决策竞争有关,$r = G(\lg c)$,依据傅强、马青[297](2016)的研究认为 $G(\lg c)$ 为 $\lg c$ 的一元函数,即 $G(\lg c) \approx \lg c$。

地方政府的目标规划为:

$$\max Fi = \max\{(Ui - Di)\operatorname{prob}(\lg c > 0) + (-dUi)\operatorname{prob}(\lg c < 0)\}, i = A、B$$

依据拉格朗日求最大值的方法,上述目标规划最大值的边界条件为:

$$\frac{\partial F_A}{\partial \theta} = 0$$

以 A 辖区的地方政府为例进一步求解:

$$\frac{\partial F}{\partial \theta} = \left(2i\theta_A + k_A \frac{\partial g_A}{\partial \theta} + \frac{\partial V_A}{\partial \theta} - \frac{\partial D_A}{\partial \theta}\right)\operatorname{prob}(\lg c > 0) +$$

$$(i\theta_A^2 + k_A g_A + V_A - D_A)\frac{\partial[\operatorname{prob}(\lg c > 0)]}{\partial \theta}$$

$$- d\frac{\partial D_A}{\partial \theta}\operatorname{prob}(\lg c < 0) + (-dU_A)\frac{\partial[\operatorname{prob}(\lg c < 0)]}{\partial \theta} = 0$$

依据隐函数的对称性 $\dfrac{\partial[\operatorname{prob}(\lg c > 0)]}{\partial \theta} = \dfrac{\partial[\operatorname{prob}(\lg c < 0)]}{\partial \theta}$ 可化简为:

$$\left(2i\theta_A + k_A \frac{\partial g_A}{\partial \theta} + \frac{\partial V_A}{\partial \theta} - \frac{\partial D_A}{\partial \theta}\right)\operatorname{prob}(\lg c > 0) +$$

$$[U_A(1 - d) - D_A]\frac{\partial[\operatorname{prob}(\lg c > 0)]}{\partial \theta} = 0$$

求解上述一元一次的微分方程为:

$$\operatorname{prob}(\lg c > 0) = \psi\left(-\frac{(2i\theta_A + k_A \frac{\partial V_A}{\partial \theta} - \frac{\partial D_A}{\partial \theta})}{(i\theta_A^2 + k_A g_A + \varepsilon_A + V_A)(1-d) - D_A}\right)e^{\theta^*}, \text{其中 } \psi \text{ 为常数。}$$

进一步根据不确定理论的辨识函数可知，

$$\psi\left(-\frac{\left(2i\theta_A + k_A\dfrac{\partial V_A}{\partial\theta} - \dfrac{\partial D_A}{\partial\theta}\right)}{(i\theta_A^2 + k_Ag_A + \varepsilon_A + V_A)(1-d) - D_A}\right)e^{\theta^*}$$

$$= \begin{cases} \displaystyle\int_A \lg c(\theta)d\theta + \sup_{A\neq B}\lg c(\theta),\text{当其小于 0.5} \\[3mm] 1 - \displaystyle\int_A \lg c(\theta)d\theta + \sup_{A\neq B}\lg c(\theta),\text{当其大于 0.5} \end{cases}$$

综上可见，企业的地方政府竞争程度与企业的投资关系为：

$$\psi\left(-\frac{\left(2i\theta_A + k_A\dfrac{\partial g_A}{\partial\theta} + \dfrac{\partial V_A}{\partial\theta} - \dfrac{\partial D_A}{\partial\theta}\right)}{(i\theta_A^2 + k_Ag_A + \varepsilon_A + V_A)(1-d) - D_A}\right)e^{\theta^*} = \int_A \lg c(\theta)d\theta + \sup_{A\neq B}\lg c(\theta)$$

解积分方程可得区域 A 的地方政府竞争范围为：

$$\left[\psi\left(-\frac{\left(2i\theta_A + k_A\dfrac{\partial g_A}{\partial\theta} + \dfrac{\partial V_A}{\partial\theta} - \dfrac{\partial D_A}{\partial\theta}\right)}{(i\theta_A^2 + k_Ag_A + \varepsilon_A + V_A)(1-d) - D_A}\right)\theta^*,\right.$$

$$\left.\theta^*\psi\left(-\frac{\left(2i\theta_A + k_A\dfrac{\partial g_A}{\partial\theta} + \dfrac{\partial V_A}{\partial\theta} - \dfrac{\partial D_A}{\partial\theta}\right)}{(i\theta_A^2 + k_Ag_A + \varepsilon_A + V_A)(1-d) - D_A}\right)e^{\theta^*}\right]$$

其中 $\theta^* = \theta_x^* + \theta_y^*$，在上述范围内，企业在选择在区域 A 进行投资。同理也可以求得 B 区域的地方政府决策竞争的范围。

$$\left[\psi\left(-\frac{\left(2i\theta_B + k_B\dfrac{\partial g_B}{\partial\theta} + \dfrac{\partial V_B}{\partial\theta} - \dfrac{\partial D_B}{\partial\theta}\right)}{(i\theta_B^2 + k_Bg_B + \varepsilon_B + V_B)(1-d) - D_B}\right)\theta^*,\right.$$

$$\left.\theta^*\psi\left(-\frac{\left(2i\theta_B + k_B\dfrac{\partial g_B}{\partial\theta} + \dfrac{\partial V_B}{\partial\theta} - \dfrac{\partial D_B}{\partial\theta}\right)}{(i\theta_B^2 + k_Bg_B + \varepsilon_B + V_B)(1-d) - D_B}\right)e^{\theta^*}\right]$$

6.3.3　企业创新投资的退出机制分析

与地方政府决策竞争参照点和企业创新投资决策参照点相同时的退出机制一样，企业创新投资的退出机制分为停止创新投资和被其他企业并购两种机制。

由双边信息不对称下的古诺模型可知，市场的最优投资额度为：

$$\pi = pq, p = a + bq$$

$$q = f(\theta)K^{x^1}L^{x^2}\mu, X^1 + X^2 = 1$$

解之：$q = \dfrac{-a}{3b}$

依据生产函数 $q = \dfrac{-a}{3b} = f(\theta)K^{x^1}L^{x^2}\mu$ 和不同风险偏好态度下的最优投资额度：

$$\theta^* =$$

$$\dfrac{\dfrac{a(a-p)r}{3b^2} + \sqrt{\left[\dfrac{a(a-p)r}{3b^2}\right]^2 - 4i\left[\dfrac{r - r\eta + \eta - \gamma}{r(1 + \gamma - 2\eta)} - \dfrac{a(a-p)(p-c)}{3b^2} + (1+\gamma)H(\lg c)\right]}}{2i}$$

当企业创新投资的收益为零时，企业选择退出投资。其边界条件为：

$$M_R = M_C$$

解之：$\theta^* = \dfrac{p}{K^{x^1}L^{x^2}\mu}\theta^* + \zeta$，$\zeta$ 为常数

当企业发生并购之时被并购企业会得到一次性的收益补偿和未来一定的收益权（鞠海龙，2015），假设一次性给予被并购企业的补偿为 BC（Benefit Compensation），未来一定的收益权 ω。依据企业收益最大化的决策目标，当企业被并购之后的总收益大于继续投资的收益时，企业选择被并购。其目标决策函数如下：

$$pq\omega + BC - H(\lg c) = pq, p = a - bq$$

$$q = f(\theta)K^{x^1}L^{x^2}\mu, X^1 + X^2 = 1$$

解之：$f(\theta) = a + \sqrt{\dfrac{a^2(1-\omega) + 4b(BC - H(\lg c))}{4b^2 K^{2x^1}L^{2x^2}\mu(1-\omega)}}$，$X^1 + X^2 = 1$

综上研究可知，第一阶段，当企业创新投资金额小于 θ^* 时，企业选择继续进行创新投资；第二阶段，当企业继续进行创新投资时，如果企业的创新投资金额满足以下方程时 $f(\theta) = a + \sqrt{\dfrac{a^2(1-\omega) + 4b(BC - H(\lg c))}{4b^2 K^{2x^1}L^{2x^2}\mu(1-\omega)}}$，$X^1 + X^2 = 1$ 时，企业会选择被并购；第三阶段，当总市场中企业创新投资金额为 $\theta^* = \dfrac{p}{K^{x^1}L^{x^2}\mu}\theta^* + \zeta$ 时，企业会选择直接停止创新投资。

6.4　地方政府的参照点小于企业的参照点时的机制分析

当地方政府决策竞争的参照点小于企业创新投资决策的参照点时,最开始地方政府会先按照自己的参照点给予创新投资企业一定的优惠吸引投资,但是随着对创新投资吸引力度的加大,政府会凭其"拿来主义"态度,而不断地给予优惠,以吸引更多的企业创新投资。在此过程中导致了地方政府决策竞争的加剧,并且由于地方政府决策竞争的加剧也会影响经济无法达到帕累托最优,使企业创新投资的效果受到影响。

6.4.1　企业创新投资的最优投资额度分析

在双边信息不对称下,当地方政府决策竞争的参照点小于企业创新投资决策的参照点时,创新投资企业会依据自身收益函数最大化的决策标准进行投资决策,其目标规划如下:

$$X \text{ 企业}: \max \pi_x^* = \frac{1-\eta_x}{1-\gamma_x} E[\pi_x(\theta_x)] + \frac{\eta_x - \gamma_x}{\eta_x - \gamma_x} Q_{\mathrm{CVaR}_\gamma}[\pi_x(\theta_x)]$$

$$Y \text{ 企业}: \max \pi_\gamma^* = \frac{1-\eta_\gamma}{1-\gamma_\gamma} E[\pi_\gamma(\theta_\gamma)] + \frac{\eta_\gamma - \gamma_\gamma}{1-\gamma_\gamma} Q_{\mathrm{CVaR}_\gamma}[\pi_\gamma(\theta_\gamma)]$$

对上述规划进行求解,其取得最大值的边界条件为:

$$\frac{\partial \pi_x^*}{\partial \theta_x} = \frac{\partial \left\{ \frac{1-\eta_x}{1-\gamma_x} E[\pi_x(\theta_x)] + \frac{\eta_x - \gamma_x}{1-\gamma_x} Q_{\mathrm{CVaR}_\gamma}[\pi_x(\theta_x)] \right\}}{\partial \theta_x} = 0$$

$$\frac{\partial \pi_\gamma^*}{\partial \theta_\gamma} = \frac{\partial \left\{ \frac{1-\eta_\gamma}{1-\gamma_\gamma} E[\pi_\gamma(\theta_\gamma)] + \frac{\eta_\gamma - \gamma_\gamma}{1-\gamma_\gamma} Q_{\mathrm{CVaR}_\gamma}[\pi_\gamma(\theta_\gamma)] \right\}}{\partial \theta_\gamma} = 0$$

市场的需求函数为:$P = a + b(q_A + q_B)$;

不确定理论下的期望求解为:

$$E(\varepsilon) = \int_0^{+\infty} M(\varepsilon \geq r) \, dr - \int_{-\infty}^0 M(\varepsilon \leq r) \, dr$$

M 为不确定理论中的辨识函:

$$M(\varepsilon \in B) = \begin{cases} \int_B \lambda(x)dx, & \text{当} \int_B \lambda(x)dx < 0.5 \\ 1 - \int_B \lambda(x)dx, & \text{当} \int_B \lambda(x)dx \geq 0.5 \end{cases}$$

解之：

$$\theta_x^* = \frac{\dfrac{a(a-p)r_x}{3b^2} + \sqrt{\left[\dfrac{a(a-p)r_x}{3b^2}\right]^2 - 4i_x\left[\dfrac{rx - rx\eta x + \eta x - rx}{rx(1+rx-2\eta x)} - \dfrac{a(a-p)(p-c)}{3b^2}\right]}}{2i_x}$$

$$\theta_\gamma^* = \frac{\dfrac{a(a-p)r_\gamma}{3b^2} + \sqrt{\left[\dfrac{a(a-p)r_\gamma}{3b^2}\right]^2 - 4i_\gamma\left[\dfrac{r\gamma - r\gamma\eta\gamma + \eta\gamma - r\gamma}{rx(1+r\gamma-2\eta\gamma)} - \dfrac{a(a-p)(p-c)}{3b^2}\right]}}{2i_\gamma}$$

又因为 r_x 和 r_y 与地方政府决策竞争 lgc 有关，因此可以将 r_x 和 r_y 改为 $G(lgc)$，依据傅强、马青[297]（2016）的研究认为 $G(lgc)$ 为（lgc）的一元函数，即 $G(lgc) \approx lgc$，上式变为：

$$\theta_x^* = \frac{\dfrac{a(a-p)lgc}{3b^2} + \sqrt{\left[\dfrac{a(a-p)lgc}{3b^2}\right]^2 - 4i_x\left[\dfrac{lgcx - lgc\eta x + \eta x - \gamma x}{lgc(1+\gamma x-2\eta x)} - \dfrac{a(a-p)(p-c)}{3b^2}\right]}}{2i_x}$$

$$\theta_\gamma^* = \frac{\dfrac{a(a-p)lgc}{3b^2} + \sqrt{\left[\dfrac{a(a-p)lgc}{3b^2}\right]^2 - 4i_\gamma\left[\dfrac{lgcy - lgc\eta\gamma + \eta\gamma - \gamma\gamma}{lgc(1+r\gamma-2\eta\gamma)} - \dfrac{a(a-p)(p-c)}{3b^2}\right]}}{2i_\gamma}$$

依据上式可知，企业可以依据决策者不同的风险偏好态度进行最优的创新投资金额的计算。

6.4.2 企业创新投资的地点选择

当地方政府决策竞争的参照点小于企业创新投资决策的参照点时，此时地方政府想要以最小的"努力"获得最大的收益（企业创新投资）。这就类似于招标博弈，地方政府就是"投标人"，企业创新投资者就是"业主"。

依据研究假设可知，地方政府的目标规划为：

$$\max Fi = \max\{(Ui - Di)\text{prob}(lgc > 0) + (-dUi)\text{prob}(lgc < 0)\}, i = A、B$$

$$U_A = (\pi_A + K_A g_A + \varepsilon_A + V_A)\text{prob}(\pi_A > \pi_B) +$$

$$(\pi_A + K_A g_A + \varepsilon_A)\text{prob}(\pi_A < \pi_B)$$

$$U_B = (\pi_B + K_B g_B + \varepsilon_B + V_B)\text{prob}(\pi_A < \pi_B) +$$

$$(\pi_B + K_B g_B + \varepsilon_B)\text{prob}(\pi_A > \pi_B)$$

依据拉格朗日函数求最大值的方法,地方政府决策竞争的目标规划取最大值的边界条件为: $\dfrac{\partial F}{\partial \theta} = 0$

本文以 A 辖区政府为例,求解上述规划为:

$$\frac{\partial F_A}{\partial \theta} = \frac{\partial[(U_A - D_A)]}{\partial \theta}\text{prob}(\lg c > 0) + (U_A - D_A)\frac{\partial[\text{prob}(\lg c > 0)]}{\partial \theta} +$$

$$\frac{\partial[(-dD_A)]}{\partial \theta}\text{prob}(\lg c < 0) + (-dU_A)\frac{\partial[\text{prob}(\lg c < 0)]}{\partial \theta}$$

依据隐函数的对称性可知 $\dfrac{\partial[\text{prob}(\lg c > 0)]}{\partial \theta} = \dfrac{\partial[\text{prob}(\lg c < 0)]}{\partial \theta}$,且二者是互斥的关系。在不确定理论下解之:

$$\text{prob}(\lg c > 0) = \psi\left(-\frac{\left(2i\theta_A + k_A\dfrac{\partial g_A}{\partial \theta} + \dfrac{\partial V_A}{\partial \theta} - \dfrac{\partial D_A}{\partial \theta}\right)}{(i\theta_A^2 + k_A g_A + \varepsilon_A + V_A)(1 - d) - D_A}\right)e^{\theta^*},$$

其中 ψ 为常数。即: $D_A = -\dfrac{\psi\theta\left(2i\theta_A + k_A\dfrac{\partial g_A}{\partial \theta} + \dfrac{\partial V_A}{\partial \theta}\right)}{(i\theta_A^2 + k_A g_A + \varepsilon_A + V_A)(1 - d)}$

同理也可求得 B 辖区的政府决策竞争的最小程度:

$$D_B = \frac{\psi\theta\left(2i\theta_B + k_B\dfrac{\partial g_B}{\partial \theta} + \dfrac{\partial V_B}{\partial \theta}\right)}{(i\theta_B^2 + k_B g_B + \varepsilon_B + V_B)(1 - d)}$$

6.4.3 企业创新投资的退出机制分析

当地方政府决策竞争的参照点小于企业创新投资决策的参照点时,企业创新投资的退出机制为停止创新投资和被其他企业并购两种机制。其流程主要包括四个阶段:竞争引发继续投资、政府补助继续投资、企业并购和退出。

由双边信息不对称下的古诺模型可知,市场的最优投资额度规划为:

$$\pi = pq, p = a + bq$$

$$q = f(\theta) K^{x^1} L^{x^2} \mu, X^1 + X^2 = 1$$

解之：$q = \dfrac{-a}{3b}$

依据生产函数 $q = \dfrac{-a}{3b} = f(\theta) K^{x^1} L^{x^2} \mu$ 和决策者不同风险偏好态度下的最优投资额度：

$$\theta^* = \dfrac{\dfrac{a(a-p)r}{3b^2} + \sqrt{\left[\dfrac{a(a-p)r}{3b^2}\right]^2 - 4i\left[\dfrac{r-r\eta+\eta-\gamma}{r(1+\gamma-2\eta)} - \dfrac{a(a-p)(p-c)}{3b^2} + (1+\gamma)H(\lg c)\right]}}{2i}$$

依据地方政府决策竞争的程度不同，其投资的额度也不断变化。

当企业创新投资的收益为零时，企业选择退出创新投资。其边界条件为：

$$M_R = M_C$$

解之：$\theta^* = \dfrac{p}{K^{x^1} L^{x^2} \mu} \theta^* + \zeta, \zeta$ 为常数

当企业被并购之时，会得到被并购企业一次性的收益补偿和未来一定的收益权，假设一次性给予企业的补偿为 BC（Benefit Compensation），未来一定的收益权 ω。依据企业收益最大化的决策目标，当企业被并购之后的总收益大于继续投资的收益时，企业会选择被并购。其目的决策函数如下：

$$pq\omega + BC = pq, p = a - bq$$
$$q = f(\theta) K^{x^1} L^{x^2} \mu, X^1 + X^2 = 1$$

解之：$f(\theta) = a + \sqrt{\dfrac{a^2(1-\omega) + 4bBC}{4b^2 K^{2X^1} L^{2X^2} \mu(1-\omega)}}, X^1 + X^2 = 1$

综上研究可知，企业创新投资失败的识别和退出机制主要有以下四个流程：第一个阶段，当企业没有达到最优的投资额度，此时的企业选择继续投资，临界点为：

$$\theta^* = \dfrac{\dfrac{a(a-p)r}{3b^2} + \sqrt{\left[\dfrac{a(a-p)r}{3b^2}\right]^2 - 4i\left[\dfrac{r-r\eta+\eta-\gamma}{r(1+\gamma-2\eta)} - \dfrac{a(a-p)(p-c)}{3b^2} + (1+\gamma)H(\lg c)\right]}}{2i};$$

第二个阶段，在地方政府决策竞争的吸引下，企业会选择继续投资，临界点为：

$$\theta^* = \frac{\dfrac{a(a-p)r}{3b^2} + \sqrt{\left[\dfrac{a(a-p)r}{3b^2}\right]^2 - 4i\left[\dfrac{r-r\eta+\eta-\gamma}{r(1+\gamma-2\eta)} - \dfrac{a(a-p)(p-c)}{3b^2} + (1+\gamma)H_h(\lg c)\right]}}{2i};$$

第三个阶段为企业被并购时点,临界点为: $f(\theta) = a + \sqrt{\dfrac{a(1-\omega)+4bBC}{4b^2K^{2X^1}L^{2X^2}\mu^2(1-\omega)}}$, $X^1 + X^2 = 1$;第四个阶段为企业直接停止创新投资,临界点为: $\theta^* = \dfrac{p}{K^{x^1}L^{x^2}\mu}\theta^* + \zeta$。

6.5　中央政府对地方政府的控制分析

6.5.1　如何避免地方政府决策竞争的产生分析

通过地方政府决策竞争的范围可以看出,在没有达到企业创新投资的转折点时,通过调整地方政府决策竞争的范围可以避免地方政府决策竞争的发生,防止对企业创新投资的过度引入。

在地方政府决策竞争的范围中,最大值为

$$\lg c = \theta\psi\left(-\frac{\left(2i\theta_A + k_A\dfrac{\partial g_A}{\partial\theta} + \dfrac{\partial V_A}{\partial\theta} - \dfrac{\partial D_A}{\partial\theta}\right)}{(i\theta_A^2 + k_Ag_A + \varepsilon_A + V_A)(1-d) - D_A}\right)e^{\theta^*},$$

只要降低地方政府决策竞争最大值的程度就可避免政府之间的决策竞争的发生。通过上式可以分析得出主要的影响因素为: θ、k、V、d

（1）对于 θ（投资程度）而言:

$$\frac{\partial\lg c}{\partial\theta} = \psi\left(-\frac{\left(2i\theta^* + k\dfrac{\partial g}{\partial\theta} + \dfrac{\partial V}{\partial\theta}\right)}{(i\theta^{*2} + kg + \varepsilon + V)(1-d)}\right)e^{\theta^*} + \theta^{*2}\psi\left(-\frac{\left(2i\theta + k\dfrac{\partial g}{\partial\theta} + \dfrac{\partial V}{\partial\theta}\right)}{(i\theta^{*2} + kg + \varepsilon + V)(1-d)}\right)e^{\theta^*} +$$

$$\theta^{*2}\psi e^{\theta^*}\left(-\frac{\left(2i + k\dfrac{\partial^2 g}{\partial\theta^2} + \dfrac{\partial^2 V}{\partial\theta^2}\right)E - \left[(1-d)(2i\theta + k + V)\right]P}{\left[(i\theta^{*2} + kg + \varepsilon + V)(1-d)\right]^2}\right)$$

解之: $\dfrac{\partial\lg c}{\partial\theta} = \theta\psi e^{\theta}\left(-\dfrac{2P - P'E - E'P}{\left[(i\theta^{*2} + kg + \varepsilon + V)(1-d)\right]^2}\right) > 0$; $P > P'$

依据上述研究可知,地方政府决策竞争程度与企业创新投资额度的大小呈现正向相关关系,即随着企业创新投资的程度越大,地方政府想吸引这笔投资投向本区域,会不断地增加优惠决策,从而促进了地方政府之间的决策竞争。

(2)对于 k(溢出系数)而言:

$$\frac{\partial \lg c}{\partial k} = \theta^* \psi \left(\frac{-\frac{\partial g}{\partial \theta}(i\theta^{*2} + kg + \varepsilon + V)(1-d) + g\left(2i\theta + k\frac{\partial g}{\partial \theta} + \frac{\partial V}{\partial \theta}\right)}{[(i\theta^{*2} + kg + \varepsilon + V)(1-d)]^2} \right) e^{\theta^*} = 0$$

上式的单调性取决于:

$$-\frac{\partial g}{\partial \theta}(i\theta^{*2} + kg + \varepsilon + V)(1-d) + g\left(2i\theta + k\frac{\partial g}{\partial \theta} + \frac{\partial V}{\partial \theta}\right)$$

解之: $\frac{\partial \lg c}{\partial k} = \left(2gi\theta - \frac{\partial g}{\partial \theta}i\theta(1-d)\right) + \left(gk\frac{\partial g}{\partial \theta} - gk\frac{\partial g}{\partial \theta}(1-d)\right) + \left(g\frac{\partial g}{\partial \theta} - \frac{\partial g}{\partial \theta}V(1-d)\right) >$

$(3-d)i\theta^+ dgk\frac{\partial g}{\partial \theta} + (g-V) > 0$

依据上述研究可知,地方政府决策竞争程度与企业创新投资的溢出效用呈现正向相关关系,即区域创新性投资的溢出系数会增加区域地方政府决策性竞争的程度。中央政府可以通过一些宏观经济政策,去区域化发展,实现区域统一的发展规划,鼓励知识共享,可以在一定程度上避免地方政府因自我的晋升博弈,而造成的过度性的地方政府决策竞争。

(3)对于 V(区域政治目的)而言:

$$\frac{\partial \lg c}{\partial V} = -\theta\psi e^{\theta} \frac{\frac{\partial^2 V}{\partial \theta}(i\theta^{*2} + kg + \varepsilon + V) + \frac{\partial V}{\partial \theta}\left(2i\theta + k\frac{\partial g}{\partial \theta} + \frac{\partial V}{\partial \theta}\right)}{(i\theta^{*2} + kg + \varepsilon + V)^2(1-d)}$$

上式的单调性取决于:

$$-\frac{\partial^2 V}{\partial \theta^2}(i\theta^{*2} + kg + \varepsilon + V)(1-d) + \frac{\partial V}{\partial \theta}(1-d)\left(2i\theta^* + k\frac{\partial g}{\partial \theta} + \frac{\partial V}{\partial \theta}\right)$$

解之:

$$\frac{\partial \lg c}{\partial V} = \left(\frac{\partial V}{\partial \theta}2i\theta^* - \frac{\partial^2 V}{\partial \theta^2}i\theta^{*2}\right) + \left(\frac{\partial V}{\partial \theta}k\frac{\partial g}{\partial \theta} - \frac{\partial^2 V}{\partial \theta^2}kg_A\right) + \left(\frac{\partial^2 V}{\partial \theta^2} - \frac{\partial^2 V}{\partial \theta^2}V\right) + \frac{\partial^2 V}{\partial \theta^2}\frac{D}{1-d}$$

$$> 2i\theta^* + \frac{\partial V}{\partial \theta} - k\frac{\partial g}{\partial \theta} + \left|\frac{\partial^2 V}{\partial \theta^2}\right|(V-1) > 0$$

依据上述研究可知,地方政府决策竞争程度与地方政府的政治目的呈现正向相关关系,即区域政府的政治晋升博弈会促进地方政府决策性竞争的产生。中央政府可以通过调整对地方政府的政绩审核机制,在一定程度上避免区域地方政府因自我的晋升博弈,而造成的过度性的地方政府决策竞争。

(4)对于 d(惩罚系数)而言:

$$\frac{\partial \lg c}{\partial \theta} = \theta^* \psi e^{\theta^*} \left[\frac{(i\theta^2 + kg + \varepsilon + V)\left(2i\theta^* + k\frac{\partial g}{\partial \theta} + \frac{\partial V}{\partial \theta}\right)}{[(i\theta^{*2} + kg + \varepsilon + V)^2(1-d)]^2} \right] > 0$$

依据上述研究可知,地方政府决策竞争程度与惩罚系数呈现反向相关关系,即增加企业创新投资失败后的惩罚程度会避免区域地方政府决策性竞争。中央政府可以通过增加对地方政府制定的政策失败之后的惩罚力度和产生的负面影响,在一定程度上避免区域地方政府因自我的晋升博弈,而造成的过度性的地方政府决策竞争。

6.5.2 如何减少地方政府决策竞争造成的损失分析

依据本章建立的地方政府决策竞争的目标规划,政府进行决策时,其目标是两个区域的目标最大化,即 $\max U = F_A + F_B$。并且由于政府是政府的决策税率制度,因此 $t_A = t_B$。

$\max F = F_A + F_B$

$\max F_A = max\{(U_A - D_A) \cdot porb(\lg c > 0) + (-dU_A) \cdot prob(\lg c < 0)\}$

$\max F_B = max\{(U_B - D_B) \cdot prob(\lg c > 0) + (-dU_B) \cdot prob(\lg c < 0)\}$

$U_A = (i\theta_A^2 + k_A g_A + \varepsilon_A + V_A)prob(i\theta_A^2 > i\theta_B^2) + (i\theta_A^2 + K_A g_A + \varepsilon_A)prob(i\theta_A^2 < i\theta_B^2)$

$U_B = (i\theta_B^2 + k_B g_B + \varepsilon_B + V_B)prob(i\theta_A^2 < i\theta_B^2) + (i\theta_B^2 + K_B g_B + \varepsilon_B)prob(\pi_A > i\theta_B^2)$

$g_A = (1 - t_A)(M_A + mM_B)^\alpha (N_A - nN_B)^\beta, g_B = (1 - t_B)(M_A + mM_B)^\alpha (N_A - nN_B)^\beta$

解之上述规划取得最大值的条件为:

$$D_A = D_B$$

解之:

$F = (1-d)U - D = (d-1)[i(\theta^*)^2 + k(1-t)(M+mM)^\alpha (N-nN)^\beta + \varepsilon + V] - D$

$U_A = U_B, D_A = D_B$

通过上式可以得知,当存在地方政府决策竞争的前提下,由于市场的需求决定了企业的最优投资额度,因此,上述中的危害主要由惩罚系数和溢出效用所决定。

1. 惩罚系数方面

通过上式可得,在区域整体效用与惩罚系数成正向关系,

$$\frac{\partial F}{\partial d} = \left[i(\theta^*)^2 + k(1-t)(M+mM)^\alpha(N-nN)^\beta + V \right] > 0$$

因此,政府通过增加地方政府决策竞争失败之后,对区域政府的惩罚程度,可以在一定程度上减少因地方政府决策竞争造成的危害。

2. 从进取性竞争方面

由上文中的结果可知 $M_A^* = M_B^* = \dfrac{\alpha - n\alpha}{\alpha + \beta + m\beta - n\alpha}\theta$

$(1)\dfrac{\partial M_A^*}{\partial n} = \dfrac{\partial M_B^*}{\partial n} = \dfrac{-\alpha\beta(1+m)\theta}{(\alpha+\beta+m\beta-n\alpha)^2} < 0$,令 $Z = \dfrac{-\alpha\beta(1+m)\theta}{(\alpha+\beta+m\beta-n\alpha)^2}$

当 $\dfrac{\partial z}{\partial \alpha} = 0$, $\alpha = \dfrac{(1+m)}{1-n}\beta$,即随着 α 的增大,当 $\alpha < \dfrac{(1+m)}{1-n}\beta$ 时, $\dfrac{\partial z}{\partial \alpha} < 0$,当 $\alpha > \dfrac{(1+m)}{1-n}$

β 时, $\dfrac{\partial z}{\partial \alpha} > 0$,即 Z 的变化先减后增; $\dfrac{\partial M_A^*}{\partial n} = \dfrac{\partial M_B^*}{\partial n}$ 的变化速度先增后减。

当 $\dfrac{\partial z}{\partial \beta} = 0$, $\beta = \dfrac{(1-n)}{1+m}\alpha$,即随着 β 的增大,当 $\beta < \dfrac{(1-n)}{1+m}\alpha s$ 时, $\dfrac{\partial z}{\partial \beta} > 0$,当 $\beta > \dfrac{(1-n)}{1+m}\alpha$

时, $\dfrac{\partial z}{\partial \beta} < 0$,即 Z 的变化先增后减; $\dfrac{\partial M_A^*}{\partial n} = \dfrac{\partial M_B^*}{\partial n}$ 的变化速度先减后增。

$(2)\dfrac{\partial M_A^*}{\partial m} = \dfrac{\partial M_B^*}{\partial m} = \dfrac{-\alpha\beta(1-n)\theta}{(\alpha+\beta+m\beta-n\alpha)^2} < 0$,令 $Z = \dfrac{-\alpha\beta(1-n)\theta}{(\alpha+\beta+m\beta-n\alpha)^2}$

当 $\dfrac{\partial Z}{\partial \alpha} = 0$, $\alpha = \dfrac{(1+m)}{1-n}\beta$,即随着 α 的增大,当 $\alpha < \dfrac{(1+m)}{1-n}\beta$ 时, $\dfrac{\partial Z}{\partial \alpha} < 0$,当 $\alpha > \dfrac{(1+m)}{1-n}$

β 时, $\dfrac{\partial Z}{\partial \alpha} > 0$,即 Z 的变化先减后增; $\dfrac{\partial M_A^*}{\partial m} = \dfrac{\partial M_B^*}{\partial m}$ 的变化速度先增后减。

当 $\dfrac{\partial z}{\partial \beta}$, $\beta = \dfrac{(1-n)}{1+m}\alpha$,即随着 β 的增大,当 $\beta < \dfrac{(1-n)}{1+m}\alpha$ 时, $\dfrac{\partial z}{\partial \beta} > 0$,当 $\beta > \dfrac{(1-n)}{1+m}\alpha$ 时,

$\dfrac{\partial z}{\partial \beta} < 0$,即 Z 的变化先增后减; $\dfrac{\partial M_A^*}{\partial m} = \dfrac{\partial M_B^*}{\partial m}$ 的变化速度先减后增。

综上所述:当两个辖区政府之间已经做出政府决策竞争时,进取性投资竞争无论在 n 和 m 如何变化的情况下,随着 α 的增加其进取性投资的收益降低速度先减小后增大,随着 β 的增加其进取性投资的收益降低速度先增大后减小。在此过程中政府可以适当地增加收益函数

$$U = (\pi + kg + \varepsilon + V)\mathrm{prob}(\pi_A > \pi_B) + (\pi + kg + \varepsilon)\mathrm{prob}(\pi_A < \pi_B)$$

中 α 达到 $\alpha = \dfrac{(1+m)}{1-n}\beta$,使其收益降低的速度减小,度过初始竞争期,加之政府可适当增加进取性投资补助,增加保护型投资的征税税额,使其在以后的竞争过程中增加优势,减少地方政府竞争。

3. 从保护性竞争方面

$(1)\dfrac{\partial N_A^*}{\partial n} = \dfrac{\partial N_B^*}{\partial n} = \dfrac{\alpha\beta(1+m)\theta}{(\alpha+\beta+m\beta-n\alpha)^2} > 0$,令 $Z = \dfrac{-\alpha\beta(1-n)\theta}{(\alpha+\beta+m\beta-n\alpha)^2}$

当 $\dfrac{\partial Z}{\partial\alpha} = 0,\alpha = \dfrac{(1+m)}{1-n}\beta$,即随着 α 的增大,当 $\alpha < \dfrac{(1+m)}{1-n}\beta$ 时,$\dfrac{\partial Z}{\partial\alpha} < 0$,当 $\alpha > \dfrac{(1+m)}{1-n}$

β 时,$\dfrac{\partial Z}{\partial\alpha} > 0$,即 Z 的变化先减后增;$\dfrac{\partial M_A^*}{\partial n} = \dfrac{\partial M_B^*}{\partial n}$ 的变化速度先增后减。

当 $\dfrac{\partial Z}{\partial\beta} = 0,\beta = \dfrac{(1-n)}{1+m}\alpha$,即随着 β 的增大,当 $\beta < \dfrac{(1-n)}{1+m}\alpha$ 时,$\dfrac{\partial Z}{\partial\beta} > 0$,当 $\beta > \dfrac{(1-n)}{1+m}\alpha$

时,$\dfrac{\partial Z}{\partial\beta} < 0$,即 Z 的变化先增后减;$\dfrac{\partial M_A^*}{\partial n} = \dfrac{\partial M_B^*}{\partial n}$ 的变化速度先减后增。

$(2)\dfrac{\partial M_A^*}{\partial m} = \dfrac{\partial M_B^*}{\partial m} = \dfrac{\alpha\beta(1-n)\theta}{(\alpha+\beta+m\beta-n\alpha)^2} > 0$,令 $Z = \dfrac{\alpha\beta(1-n)\theta}{(\alpha+\beta+m\beta-n\alpha)^2}$

当 $\dfrac{\partial Z}{\partial\alpha} = 0,\alpha = \dfrac{(1+m)}{1-n}\beta$,,即随着 α 的增大,当 $\alpha < \dfrac{(1+m)}{1-n}\beta$ 时,$\dfrac{\partial Z}{\partial\alpha} < 0$,当 $\alpha >$

$\dfrac{(1+m)}{1-n}\beta$ 时,$\dfrac{\partial Z}{\partial\alpha} > 0$,即 Z 的变化先减后增;$\dfrac{\partial M_A^*}{\partial n} = \dfrac{\partial M_B^*}{\partial n}$ 的变化速度先增后减。

当 $\beta > \dfrac{(1-n)}{1+m}\alpha$ $\dfrac{\partial Z}{\partial\beta} = 0,\beta = \dfrac{(1-n)}{1+m}\alpha$,即随着 β 的增大,当 $\beta < \dfrac{(1-n)}{1+m}\alpha$ 时,$\dfrac{\partial Z}{\partial\beta} > 0$,当

时,$\dfrac{\partial Z}{\partial\beta} << 0$,即 Z 的变化先增后减;$\dfrac{\partial M_A^*}{\partial n} = \dfrac{\partial M_B^*}{\partial n}$ 的变化速度先减后增。

综上所述,当两个辖区政府之间已经做出政府决策竞争时,保护性投资竞争

无论在 n 和 m 如何变化的情况下,随着 α 的增加其进取性投资的收益增加速度先增大后减小,随着 β 的增加其进取性投资的收益增加速度先减小后增大。在此过程中政府可以适当地减小收益函数

$$U = (\pi + kg + \varepsilon + V)\,\mathrm{prob}(\pi_A > \pi_B) + (\pi + kg + \varepsilon)\,\mathrm{prob}(\pi_A < \pi_B)$$

中 α 达到 $\alpha = \dfrac{(1+m)}{1-n}\beta$,使得其收益增加的速度减小,从而减少其保护性投资,使其度过初始竞争期,加之政府可以适当增加进取性投资的补助,增加保护性投资征税的税额,使保护性投资在以后的竞争过程中失去优势,从而减少地方政府之间的竞争。

6.6 本 章 小 结

本章在双边信息不对称下分析地方政府决策竞争对企业创新投资的影响机制,主要分为五个部分,第一部分提出了本章的研究模型、假设,以及对研究变量进行设定;第二、三、四部分从地方政府决策竞争的参照点和企业创新投资决策的参照点相同、小于和大于三个视角,分析地方政府决策竞争对企业创新投资影响的均衡分析(投资地点的选择、最优投资量、投资失败的识别和退出机制);第五部分从地方政府决策竞争和企业创新投资的长期动态关系的门槛(转折点)之前和之后两个维度研究如何避免地方政府决策竞争的产生和如何减少因地方政府决策竞争而造成的损失。

第七章　结论与启示

7.1　研究结论

本部分内容基于企业创新投资决策者不同风险偏好态度的视角,在新型城镇化进程中不确定的决策环境下,分析地方政府决策竞争对企业创新投资的影响机制,主要的研究结果如下:

1. 新型城镇化过程中引起地方政府决策竞争的三条路径

路径一:新型城镇化建设;路径二:区域经济发展;路径三:区域民生建设。

2. 在不同城市群体、不同城市化阶段地方政府决策竞争与企业创新投资的三阶段动态关系

第一类,政府决策竞争与企业创新投资、企业创新投资增长率之间的动态关系呈现正向减少、正向增加和负向增加状态。

第二类,政府决策竞争与企业创新投资、企业创新投资增长率之间的动态关系呈现正向增加、正向减少和负向增加状态。

第三类,政府决策竞争与企业创新投资、企业创新投资增长率之间的动态关系呈现正向减少、正向减少和负向增加状态。

3. 完全信息下,地方政府决策竞争对企业创新投资的影响机制

(1)完全信息下,企业创新投资的最优投资额度

在完全信息下,无论企业决策者的风险偏好态度是何种类型,创新投资的最优投资额为:

$$\theta^{\#} = \frac{-\partial r}{4ibAra}$$

(2)完全信息下,企业创新投资的最佳投资时机

在完全信息下,地方政府决策竞争范围为:

$$\left[\psi\left\{-\frac{\left(2i\theta^{\#}+k\dfrac{\partial g}{\partial\theta}\right)+\dfrac{\partial V}{\partial\theta}-\dfrac{\partial D}{\partial\theta}}{[i(\theta^{\#})^{2}+kg+V](1-d)-D}\right\}\theta^{\#},\right.$$

$$\left.\theta^{\#}\psi\left\{-\frac{\left(2i\theta^{\#}+k\dfrac{\partial g}{\partial\theta}\right)+\dfrac{\partial V}{\partial\theta}-\dfrac{\partial D}{\partial\theta}}{[i(\theta^{\#})^{2}+kg+V](1-d)-D}\right\}e^{\theta^{\#}}\right]$$

在完全信息下,企业创新投资的最佳时机为:

$$T^{*}=\inf\left\{T;P(T)\geqslant P^{*}=\frac{\varphi}{\varphi-1}[c+Ar\partial i(\theta^{\#})^{2}]\right\}。$$

(3)完全信息下,企业创新投资失败的识别和退出机制

完全信息下,在企业投资金额小于 $\theta^{\#}=\left|-\dfrac{\partial r}{8ibAr\alpha}\right|$ 时,企业选择继续进行投资;

在企业投资金额满足 $f(\theta^{\#})=\dfrac{\alpha+\sqrt{\alpha^{2}+\dfrac{4bBc}{1-\omega}}}{2bK^{x^{1}}L^{x^{2}}\mu}$,$x^{1}+x^{2}=1$ 时,企业选择被并购;在总市

场中企业投资金额为 $\theta'=\dfrac{p}{K^{x^{1}}L^{x^{2}}\mu}\theta^{\#}+\zeta$ 时,企业选择直接停止投资。

4. 单边信息不对称时,地方政府决策竞争对企业创新投资的影响机制

(1)门槛之前的企业创新投资均衡分析

在单边信息不对称时,企业 X 和 Y 创新投资的最优投资额度为:

$$\theta_{X}^{\wedge}=f^{-1}\left(\frac{5c_{X}-5r_{X}\theta_{X}-7\partial+2c_{y}2r_{y}\theta_{y}}{12bK^{x^{1}}L^{x^{2}}\mu}\right),x^{1}+x^{2}=1$$

$$\theta_{y}^{\wedge}=f^{-1}\left(\frac{2c_{y-}2r_{y}\theta_{y}-\partial+r_{x}\theta_{x}-c_{x}}{6bK^{x^{1}}L^{x^{2}}\mu}\right),x^{1}+x^{2}=1$$

当风险投资企业的决策者为风险规避型时,需要进一步由 $\dfrac{1-\eta}{1-\gamma}E[\pi(\theta)]$ 和

$\dfrac{\eta-\gamma}{1-\gamma}Q_{\mathrm{CVaR}_{\gamma}}[\pi(\theta)]$ 的大小所决定,即由风险规避程度的大小来决定。

在单边信息不对称时,地方政府决策竞争的范围为:

$$\left[\left\{\frac{-\left(2i\theta_{i}+k_{i}\dfrac{\partial g_{i}}{\partial\theta}+\dfrac{\partial V_{i}}{\partial\theta}\right)}{(i\theta_{i}^{2}+k_{i}g_{i}+\varepsilon_{i}+Vi)(1-d)}\right\}(\theta_{A}^{\wedge}+\theta_{B}^{\wedge}),\right.$$

$$\left(\theta_A^\wedge + \theta_B^\wedge \right) \left\{ - \frac{ -\left(2i\theta_i + k_i \dfrac{\partial g_i}{\partial \theta} + \dfrac{\partial V_i}{\partial \theta} \right) }{ \left(i\theta_i^2 + k_i g_i + \varepsilon_i + Vi \right)\left(1 - d \right) } \right\} e^{\theta_A^\wedge + \theta_B^\wedge} \right], i = A \text{、} B$$

（2）门槛之后的企业创新投资均衡分析

在单边信息不对称时,企业对创新投资失败的识别和退出机制:当创新投资企业 X 的创新投资额度为如下关系时,

$$\theta_X^\wedge = f^{-1} \left(\frac{5c_x - 5r_x \theta_x - 7\alpha + 2c_\gamma - 2r_y \theta_y}{12bK^{x^1} L^{x^2} \mu} \right),$$

创新投资企业 Y 选择进入市场进行投资,企业 Y 的最优投资额度为:

$$\theta_y^\wedge = f^{-1} \left(\frac{2c_y - 2r_y \theta_y - \partial + r_x \theta_x - c_x}{6bK^{x^1} L^{x^2} \mu} \right), x^1 + x^2 = 1;$$

当创新投资企业 X 增加其投资量达到

$$\theta_X^\wedge = f^{-1} \left(\frac{ -\left(2a + 5bS_1 + S_2 \right) + \sqrt{\left(2a + 5bS_1 + S_2 \right)^2 - 24b\left(\partial S_1 + bS_1^2 + S_1 S_2 \right) } - i\theta_y^2 }{ 12bK^{x^1} L^{x^2} \mu } \right)$$

时,企业 Y 选择观察的态度,如果地方政府给予补助,企业 Y 继续进行投资,如果地方政府不给予补助,企业 Y 选择停止投资。若地方政府给予补助,当创新投资企业 X 的创新投资量继续增加到

$$\theta_X^\wedge = f^{-1} \left(\frac{ -\left(2a + 5bS_1 + S_2 \right) + \sqrt{\left(2a + 5bS_1 + S_2 \right)^2 - 24b\left(aS_1 + bS_1^2 + S_1 S_2 - i\theta_y^2 - \lg BC \right) } }{ 12bK^{x^1} L^{x^2} \mu } \right)$$

时,创新投资企业 Y 选择停止投资。

5. 双边信息不对称时,地方政府决策竞争对企业创新投资的影响机制

（1）双边信息不对称时,企业创新投资的最优投资额度

第一,双边信息不对称时,当地方政府决策竞争与企业创新投资的参照点相同时企业创新投资的最优投资额度:

$$\theta^* = \frac{ \dfrac{\alpha(\alpha - p)\lg c}{3b^2} + \sqrt{ \left[\dfrac{\partial(\partial - p)\lg c}{3b^2} \right]^2 - 4i \left[\dfrac{\lg c - \lg c\eta + \eta - \gamma}{\lg c(1 + \gamma - 2\eta)} - \dfrac{\alpha(\alpha - p)(p - c)}{3b^2} \right] } }{ 2i }$$

第二,双边信息不对称时,当地方政府决策竞争的参照点大于企业创新投资的参照点时,企业创新投资的最优投资额度:

$$\theta^* = \frac{\frac{\alpha(\alpha-p)r}{3b^2} + \sqrt{\left[\frac{\alpha(\alpha-p)r}{3b^2}\right]^2 - 4i_A\left[\frac{r-\eta\mu+\eta-\gamma}{r(1+\gamma-2\eta)} - \frac{\alpha(\alpha-p)(p-c)}{3b^2} + (1+\gamma)H(\lg c)\right]}}{2i}$$

第三,双边信息不对称时,地方政府决策竞争的参照点小于企业创新投资的参照点时,企业创新投资的最优投资额度:

$$\theta^* = \frac{\frac{\alpha(\alpha-p)\lg c}{3b^2} + \sqrt{\left[\frac{\alpha(\alpha-p)\lg c}{3b^2}\right]^2 - 4i\left[\frac{\lg c-\lg c\eta+\eta-\gamma}{\lg c(1+\gamma-2\eta)} - \frac{\alpha(\alpha-p)(p-c)}{3b^2}\right]}}{2i}$$

(2)双边信息不对称时,企业创新投资的最佳投资时机

第一,双边信息不对称时,地方政府与企业的参照点相同时,企业创新投资的时机选择。A、B 地方政府竞争范围为:

$$\left[\left\{-\frac{\left(2i\theta_j + k_j\frac{\partial g_j}{\partial\theta}\right) + \frac{\partial V_j}{\partial\theta} - \frac{\partial D_j}{\partial\theta}}{(i\theta_j^2 + k_jg_j + \varepsilon_j + V_j)(1-d) - D_j}\right\}\theta^*,\right.$$

$$\left.\theta^*\psi\left\{-\frac{\left(2i\theta_j + k_j\frac{\partial g_j}{\partial\theta} + \frac{\partial V_j}{\partial\theta} - \frac{\partial D_j}{\partial\theta}\right)}{(i\theta_j^2 + k_jg_j + \varepsilon_j + V_j)(1-d)D_j}\right\}e^{\theta^*}\right]$$

$$\theta^* = \theta_A^* + \theta_B^*, j = A、B$$

第二,双边信息不对称时,地方政府的参照点大于企业的参照点时企业创新投资的时机选择。A、B 地方政府竞争最大的范围为:

$$D_j = -\frac{\theta^*\psi e^{\theta^*}}{\lg c\left(2i\theta_j + k_j\frac{\partial g_j}{\partial\theta} + \frac{\partial V_j}{\partial\theta}\right)}(i\theta_j^2 + k_jg_j + \varepsilon_j + V_j)(1-d), \theta^* = \theta_A^* + \theta_B^*, j = A、B$$

第三,双边信息不对称时,地方政府的参照点小于企业的参照点时企业创新投资的时机选择。A、B 地方政府竞争最小的范围为:

$$D_j = -\frac{\theta^*\psi}{\lg c\left(2i\theta_j + k_j\frac{\partial g_j}{\partial\theta} + \frac{\partial V_j}{\partial\theta}\right)}(i\theta_j^2 + k_jg_j + \varepsilon_j + V_j)(1-d), \quad j = A、B$$

(3)双边信息不对称时,企业创新投资失败的识别和退出机制

第一,双边信息不对称时,地方政府与企业的参照点相同时企业创新投资失败的识别和退出机制。

当企业投资金额小于 θ^* 时,企业选择继续进行投资;当企业投资金额满足

$$f(\theta) = \alpha + \sqrt{\alpha^2 + \frac{4bBC}{4b^2 K^{2x^1} L^{2x^2} \mu(1-\omega)}}$$ 时,企业选择被并购;在总市场中企业投资金额

为 $\theta' = \dfrac{p}{K^{x^1} L^{x^2} \mu} \theta^* = \zeta$ 时,企业选择直接停止投资。

第二,双边信息不对称时,地方政府的参照点大于企业的参照点时企业创新投资失败识别和退出机制。

在企业投资金额小于 θ^* 时,企业选择继续进行投资。若企业继续进行创新投

资,当投资金额满足方程 $f(\theta) = \alpha + \sqrt{\dfrac{\alpha^2(1-\omega) + 4b(BC - H(\lg c))}{4b^2 K^{2x^1} L^{2x^2} \mu(1-\omega)}}$ 时,企业选择被并

购;在总市场中企业投资金额为 $\theta' = \dfrac{P}{K^{x^1} L^{x^2} \mu} \theta^* + \zeta$ 时,企业选择直接停止投资。

第三,双边信息不对称时,地方政府的参照点小于企业的参照点时企业创新投资失败的识别和退出机制。

企业的退出机制主要有以下四个阶段:第一个阶段,由于企业没有达到最优的投资额度,此时的企业选择继续投资,临界点(最大投资额)为:

$$\theta^* = \frac{\dfrac{\alpha(\alpha-p)r}{3b^2} + \sqrt{\left[\dfrac{\alpha(\alpha-p)r}{3b^2}\right]^2 - 4i\left[\dfrac{r - r\eta + \eta - \gamma}{r(1+\gamma-2\eta)} - \dfrac{\alpha(\alpha-p)(p-c)}{3b^2} + (1+\gamma)H_1(\lg c)\right]}}{2i};$$ 第二

个阶段,在地方政府决策竞争的吸引下,企业选择继续投资,临界点(最大投资额)为:

$$\theta^* = \frac{\dfrac{\alpha(\alpha-p)r}{3b^2} + \sqrt{\left[\dfrac{\alpha(\alpha-p)r}{3b^2}\right]^2 - 4i\left[\dfrac{r - r\eta + \eta - \gamma}{r(1+\gamma-2\eta)} - \dfrac{\alpha(\alpha-p)(p-c)}{3b^2} + (1+\gamma)H_h(\lg c)\right]}}{2i};$$

第三个阶段,企业被并购,临界点为:$f(\theta)\alpha + \sqrt{\dfrac{\alpha(1-\omega) + 4bBC}{4b^2 K^{2x^1} L^{2x^2} \mu^2(1-\omega)}}$;第四个阶段,企

业停止投资,临界点为:$\theta' = \dfrac{P}{K^{x^1} L^{x^2} \mu} \theta^* + \zeta$。

6. 如何避免方政府决策竞争的产生

第一,中央政府可以通过一些宏观发展政策,去区域化发展,实现统一的规划

发展,鼓励知识共享,可以在一定程度上减少地方政府因自我的晋升博弈而造成过渡性的地方政府决策竞争。

第二,中央政府可以通过调整对地方政府的政绩审核机制,可以在一定程度上减少地方政府因自我的晋升博弈而造成过渡性的地方政府决策竞争。

第三,中央政府可以通过增加政策失败之后,对当地政府产生的负面影响,在一定程度上减少地方政府因自我的晋升博弈而造成过渡性的地方政府决策竞争。

7. 如何减少因地方政府决策竞争造成的危害

减少地方政府决策竞争造成的损害的方式有:政府可以适当地增加收益函数

$$U = (\pi + kg + \varepsilon + V)\text{prob}(\pi_A > \pi_B) + (\pi + kg + \varepsilon)\text{prob}(\pi_A < \pi_B)$$

中 α 达到 $\alpha = \dfrac{(1+m)}{1-n}\beta$,使其收益降低的速度减小,度过初始竞争期,加之政府可适当增加进取性投资补助,增加保护性投资的征税税额,使其在以后的竞争过程中增加优势,减少地方政府竞争造成的危害;中央政府可以适当地减小收益函数

$$U = (\pi + kg + \varepsilon + V)\text{prob}(\pi_A > \pi_B) + (\pi + kg + \varepsilon)\text{prob}(\pi_A < \pi_B)$$

公式中 α 达到 $\alpha = \dfrac{(1+m)}{1-n}\beta$,使得其收益增加的速度减小,从而减小其保护性投资,使其度过初始竞争期,加之政府可以适当增加进取性投资的补助,增加保护性投资征税的税额,使保护性投资在以后的竞争过程中失去优势,从而减少地方政府之间的竞争造成的危害。

7.2　研　究　启　示

7.2.1　避免地方政府之间的决策竞争

1. 完善地方政府政绩的考核指标体系

(1)重塑政府绩效的评价体系

通过本研究第二章对我国地方政府之间的决策竞争的相关文献综述研究可知,在我国引起地方政府之间的决策竞争最主要的原因是地方政府官员之间的晋升博弈,而晋升博弈也是由于现阶段我国对地方官员的绩效评价也以经济建设为

主的原因造成的[299]（Saba,et. al.,2015）。当前我国的地方政府官员的在任绩效的相关考核体系的方向性和其自身的政治职位的竞争性都迫使地方政府处于"囚徒困境①"，也就是说，地方政府的官员在政府决策竞争中为了满足其政治利益需求，会采取相应措施完善区域的经济成果，从而导致恶性竞争和其他的不良后果的出现[300]（Chang,yu,Hung,2015）。因此，重塑政府绩效的评价体系，完善政府官员的政绩评价制度，可以在一定程度上直接杜绝地方政府的决策竞争。

（2）实施"用脚投票"②和"用手投票"③相结合的政治考核机制

实施"用脚投票"和"用手投票"相结合的官员考核机制，通过二者的结合可以更好地完善双重约束，使得政府竞争的成本提高，从而避免地方政府之间的恶性竞争。随着我国民众的民主法治意识逐步提高，以及信息技术的发展，城市居民表达自己想法的欲望越来越大，而且其表达想法的作用媒介的成本越来越低，在这样的情况下，居民之间相互比较从而使用"用手投票"的权利的机会越来越多[301]（Ilya,2015），在一定程度上可以赋予居民以直接选举投票方式行使对辖区发展的话语权。

2. 增加对地方政府决策失败之后的惩罚程度，完善市场竞争程度

依据本研究第三章关于地方政府决策竞争与企业创新投资的三阶段动态关系的理论和实证分析结果可得，地方政府决策竞争程度与企业创新投资呈现"∩"形关系，刚开始随着地方政府决策竞争的开展，对企业创新投资的吸引程度较大，但当地方政府决策竞争程度超过一定的门槛，随着竞争程度的增大，对企业的创新投资的吸引程度会降低。因此，加强中央政府的政策指引与宏观调控是十分重要的。由于地方政府为了晋升而产生的政府竞争是非理性的[302]（Nichola,2015），因此一些地方政府为了吸引企业创新投资会盲目地给予优惠政策，重复进行公共

---

① "囚徒困境"（prisoner's dilemma）是1950年美国兰德公司的 Merrill Flood 和 Melvin Dresher 拟定出相关困境的理论，后来由顾问 Albert Tucker 以囚徒方式阐述，并命名为"囚徒困境"。主要内容：两个共谋犯罪的人被关入监狱，不能互相沟通情况。如果两个人都不揭发对方，则由于证据不确定，每个人都坐牢一年；若一人揭发，而另一人沉默，则揭发者因为立功而立即获释，沉默者因不合作而入狱五年；若互相揭发，则因证据确实，二者都判刑两年。由于囚徒无法信任对方，因此倾向于互相揭发，而不是同守沉默。囚徒困境说明为什么在合作对双方都有利时，保持合作也是困难的。囚徒困境是博弈论的"非零和博弈"中其代表性的例子，反映个人最佳选择并非团体最佳选择。

② "用脚投票"机制，即地方政府根据辖区居民的偏好提供不同税收水平和公共产品菜单组合供居民选择，居民就会根据自己的偏好选择相应的税收水平和公共产品组合，这一双向选择关系是通过人口自由流动来实现的。

③ "用手投票"机制，即选举约束机制。居民通过对地方官员的投票选举产生新的地方政府，这种机制具有居民偏好信息上的显示优势，有利于满足当地公众的需求。

基础设施建设,这样不仅收效甚微,而且还会进一步加剧了区域经济发展的不平衡,进而引发地区之间的恶性竞争[161](Chai,et. al.,2015)。因此,中央政府可以通过加强对地方政府的宏观调控力度和在一定程度上介入地方政府之间的竞争,以此来防止恶性的地方政府竞争出现。在完全信息时分析可得,当地方政府进行投资决策时,中央政府可通过宏观政策调控地方政府保护性投资政策的有效性、完善市场竞争的程度和政府决策失效之后的惩罚系数来遏制地方政府策略竞争的产生。在地方政府决策竞争产生之后通过调节地方政府的收益函数可减少新型城镇化中地方政府之间决策竞争产生的危害。

3. 充分认识和理解"城市经营"的理念,引入市场竞争机制

很多地方政府未能把握好"政府城市经营"与"政府城市管理"两种不同职能的概念,混淆了以政治任务为导向的政府的城市管理和以市场竞争机制为基础、合理地打破区域资源约束、以发展战略为导向的"城市经营"的理念,误导了城市政府职能的有效发挥[303](Sebastian,2015)。以政治任务为导向的政府对城市的管理会导致地方保护主义,引起地方保护主义政策,导致了相邻辖区之间过度、恶性的政府竞争,严重阻碍新型城镇化的建设和区域经济发展[304](Austin,Ashley,Grove,2016)。再者,在这种新型城镇化建设中,尤其是在地方政府融资、项目招商、公共物品的建设方面要充分引入市场竞争机制,优化资源配置,重视按市场经济规律办事,创造良好的市场竞争环境,将市场竞争机制引入政府对城市的经营当中[305](Francesca,Stefano,2014)。

4. 综合规划,加强区域政府之间的合作和信息共享

(1)建立区域协调机构,实现区域发展的综合规划

经济区域内避免不了竞争的发生,作为"理性人"的地方政府为了争夺利益,会产生多多少少、大大小小的竞争。而这一切的原因都是因为区域之间的利益不一致造成的。借鉴西方发达国家的经验①,在相邻区域中建立相关的地方政府之间互惠合作的协调统筹机构是非常有必要的[306](Delikaraoglou,2016)。相邻区域政府的协调机构,不仅担负着政治方面的协调,还需要承担经济规划的职责。第

① 当代西方国家建立的区域协调机构种类繁多,如美国的"州际协议";英国地方政府的议会协会;"欧盟现有300多个区域政府和4万多个地方政府,这些区域政府和地方政府不仅在欧盟总部有其派生的协调机构,而且彼此之间有着广泛的横向联系和合作,组成各种类型的区域间组织,如区际规划委员会、大都市区合作委员会等"。

一,要协调相邻辖区各个地方政府之间的政治冲突,防止在政治利益面前出现个人利益高于集体利益事件的发生。第二,要协调整个区域共同的经济利益,整体规划,防止经济规划方面的冲突发生。要以宏观经济的发展战略和整体辖区的目标为指导,完善整体规划、合理地设计产业结构和布局,制定科学有效的激励政策,从而避免空间产业的无序性和经济结构的趋同性发生[307](李廉冰,杨浩昌,刘军,2014)。

(2)完善信息传导机制,实现信息的共享化

通过完全信息、单边信息不对称和双边信息不对称的对比分析结果可知,地方政府、企业之间的信息对称性和共享性可以防止地方政府决策竞争的产生,而且还可以促进企业增加创新投资的额度,实现区域经济的帕累托最优。

5. 建立规范的政府组织和官员个人的信息披露制度

由中央政府和地方政府之间的委托代理模型表明,代理人(地方政府)之所以可以偏离委托人(中央政府)的预期目标,追求自身的收益最大化,其主要原因是因为,代理人(地方政府)自身拥有比委托人(中央政府)所知道的信息更有优势的信息。综上可知,想要改变这种自利行为的产生,需要完善信息的对称。通过披露代理人(地方政府)的相关信息,可以在一定程度上加大对代理人的监管,使其自利行为的成本更高,从而避免了自利行为的产生,也就避免了地方政府决策竞争的产生。现阶段我国要加快进行有关地方政府的行政信息和官员的个人信息披露的立法工作,一方面要完善信息的交流,消除信息的不对称。另一方面要加快促进地方政府官员个人财产、家庭等信息的披露,使其合法合规化,以便于第三方的监督。

6. 建立综合性的创新投资激励政策

依据政府规划模型和计算的政府最大竞争范围可知,政府要根据自身的目标函数最大化制定其可以给予的优惠程度。因此,相互竞争的地方政府在进行竞争决策之前必须对自身收益进行准确的定位,从自身实际情况出发制定差异化的竞争策略,促进资源达到最优化配置。在大多数的内地区域,经济基础薄弱,还处于产业链的低端,吸引创新投资的流入可以给当地居民带来更多就业机会和更高收入,地方政府也会增加税收,因此其采取税收优惠办法吸引创新投资利大于弊[308](高培勇,2015)。而在东部沿海地区,区域的差异化发展已经达到一定的程度,并

且其基础设施建设相对完善,有一定的资本存量,地方政府的优惠政策竞争策略难以进一步吸引创新投资[309](张同斌,高铁梅,2015),想要进一步吸引外界的创新投资就需要通过人力资本的建设和提高政府效率。

7.2.2 减少地方政府决策竞争造成的危害

1. 调节地方政府的收益函数,减少地方政府决策竞争产生的危害

在地方政府决策竞争产生之后通过调节地方政府的收益函数可减少新型城镇化中地方政府之间决策竞争产生的危害。中央政府通过宏观政策调控,出台相应的税收与财政政策,影响地方政府投资的收益函数使得相邻两个辖区的地方政府在博弈过程中会达到均衡点[310](张国钧,2015),从而可以减少政府决策竞争行为产生的危害。

2. 强化竞争约束机制,收紧地方政府软约束的放纵效应

通过分析可得,地方政府为了获取晋升优势,会放弃一部分政府看不到的利益,以此获取政府看得见的经济发展绩效。在此过程中区域总体的帕累托不但没有被优化,可能还会造成更大的损失。而造成上述结果的主要原因就是中央政府对地方政府的约束机制不健全造成的。依据经济学家亚当·斯密对市场竞争的分析①,地方政府竞争秩序所需的约束条件主要有两个:法律对地方政府的约束;辖区民众能通过意愿表达和退出机制来控制和约束地方政府。构建上述约束机制可以有效地减少因为地方政府决策竞争造成的企业创新投资失效的后果。首先,健全法律约束机制。其次,完善民众表达和退出机制。通过强化地方人大的预算审批权来增进居民对公共代理人机会行为的制约,通过发挥公民组织的作用来弥补作为个体的居民在规范地方政府竞争行为中的弱势地位等。

3. 鼓励地方政府的财政参与企业创新投资的实施

依据对企业最优的创新投资额度的计算可得,企业最优的创新投资额度不仅仅与市场需求有关,更重要的是与政府的参与有关,而且二者显示为正向相关。多数地区的地方政府一开始为了吸引外界企业的创新投资而给出了很多优惠政

---

① 亚当·斯密认为,个人追求自己利益的活动之所以能够增进公共利益,其实是有条件的:第一个条件是由正当行为规则构成的法治秩序,第二个条件是具有内在约束的竞争主体。假如不具备这两个条件,竞争就无益于公共收益。

策,但是一旦创新投资被吸引进来,其后续的跟踪服务就相对薄弱。因此,应鼓励地方政府的财政参与企业创新投资的实施,促使地方政府成为投资者之一,全程参与创新投资的实施和运营,更好地服务企业创新投资,提升企业创新投资的收益。

4. 不断深化中央政府对地方政府的跨界治理,完善辖区各个政府之间的利益共享和补偿机制

首先,确定各级政府、民间企业、非营利组织与民众间的合作治理关系。其次,确定辖区各个不同类型地方政府间的合作治理关系。在确定治理关系的同时要尊重各个地方政府之间的利益基础和空间,在共同开发、建设的基础上讨论必要的利益共享和补偿机制。要坚持互惠互利、差别对待、监管与调控相结合,共享为主的原则。

7.2.3 企业创新投资决策的启示

通过对完全信息时、单边不对称信息时和双边不对称信息时,不同风险偏好的企业创新投资的最优投资额度、创新投资的地点选择、投资失败的识别和退出机制分析可以得知:

(1)信息的完全性是企业达到最优投资的主要影响因素,从长远而言,无论地方政府对企业的补助程度多高,给出的优惠政策多大,充分了解市场的需求是企业做出最优决策的主要依据,只有在完全了解市场的情况下,企业才能做出最优投资。

(2)企业的投资决策与区域市场的生产函数关系密切,因此企业在进行创新投资决策之时,不仅要考虑地方政府给出的优惠政策哪个更大,而且还需要考虑区域的基础设施建设和区域的人力、资本的丰富程度,在很大程度上人力和资本的丰富程度对企业收益影响大于地方政府给予的税收财政政策的优惠。

(3)企业决策者的风险偏好态度和地方政府的补助程度直接影响企业的投资失败的识别和退出机制。当地方政府决策参照点和企业决策参照点不相同时,由于地方政府补助会让企业投资者误以为还没到最优决策点,从而导致过度投资,既损害了自身利益,也会阻碍区域经济的发展。因此,企业在决策时要考虑到信息的不完备性,利用后验经验修正先前的决定,以此达到最优的投资。

7.3 研究不足与展望

本部分内容研究了不同城市群体、不同城市化阶段下地方政府决策竞争与企业创新投资的三阶段动态关系,从企业创新投资者不同风险偏好态度视角,分析了创新投资企业的最优投资时机、最优投资额度、企业对创新投资失败的识别和退出机制。并且从政府视角分析了中央政府如何避免地方政府决策竞争的产生和如何减少因为地方政府决策竞争而造成的危害。然而,由于时间、知识的局限,本部分内容的研究不足及展望主要表现在以下几个方面:

1. 对不同企业类型的创新投资分析

本部分内容分析了外商企业的创新投资,但都是对私营企业创新投资的决策分析,对于不同类型企业的创新投资还未做出深入的研究,特别是对于国有企业的创新投资。国有企业在很大程度上都承担很大的社会责任,而且区域的地方政府都是国有企业的股东,区域地方政府决策竞争对本区域国有企业的创新投资决策有直接的影响作用。

2. 对企业创新投资决策者(决策团队)的个人特征分析

本部分内容对企业创新投资决策者不同风险偏好态度下,地方政府决策竞争对企业创新投资的影响机制分析。但是没有进一步地深入分析影响企业创新投资决策者的其他因素,特别是投资决策者的投资经验和背景特征。投资决策者的投资经验是投资决策者进行决策的依据之一,无论是何种风险偏好态度的决策者,投资经验都是其进行决策的重要参考之一。依据组织行为学理论,投资决策者的背景(学历背景、社会背景等)也是影响企业创新投资的重要因素之一。

3. 对企业创新投资的投资连续性分析

在分析地方政府决策竞争对企业创新投资的影响机制时,假设企业的创新投资都是一次性的投资,忽视了对企业不连续的、间断式创新投资的分析。依据范玉莲和王广福[311](2007)、任静[312](2011)、史敬涛[313](2014)的研究认为,企业不连续创新所需的资金投入量远高于连续创新,并且对企业开拓多元化的投资渠道有重要影响。因此,在间断性的企业创新投资下,地方政府决策竞争的财政补助和其他优惠政策,特别是鼓励金融借贷,会对企业创新投资的决策有一定的影响,对此需要进一步进行讨论和分析。

4. 实证分析的方面

本部分内容实证检验了 2004~2014 年地方政府决策竞争与企业创新投资之间的三阶段动态关系,但是对于完全信息、单边信息不对称和双边信息不对称时的企业创新投资的最优决策时机、最优决策额度、对投资失败的识别、企业创新投资的退出机制无法实证分析,只能进行案例分析。因此,在今后的研究当中要有针对性地进行算例分析或者案例分析。

参 考 文 献

[1] Kalashnikov, V. V., Curiel, D. F. and Gonzalez, J.. Application of the Cournot and Stackeberg mixed duopoly models for Mexican real estate[J]. Intelligent Decision Technologies, 2012,15: 389-396.

[2] Josenh E. Stiglits. On the 2011 global economic trends[J]. Theoretical reference, 2011,02: 15-16.

[3] 刘传明,张义贵,刘杰,等城市综合交通可达性演变及其与经济发展协调度分析——基于"八五"以来淮安市的实证研究[J].经济地理,2011,31(12): 2028-2032.

[4] 刘尚希,刘保军.合理预期未来35年我国经济增长速度[J].财政研究,2015, 02: 36-42.

[5] Carlos Martin-Rios, Eva Parga-Dans. Service response to economic decline: Innovation actions for achieving strategic renewal [J]. Journal of Business Research, 2016,26: 1-11.

[6] Jian Li, Roger Strange, Lutao Ning, Dylan Sutherland. Outward foreign direct investment and domestic innovation performance: Evidence from China [J]. International Business Review, 2016,3:1-10.

[7] Lutao Ning, Fan Wang, Jian Li. Urban innovation, regional externalities of foreign direct investment and industrial agglomeration: Evidence from Chinese cities [J]. Research Policy, 2016,45(4): 830-843.

[8] John Hudson, Alexandru Minea. Innovation, Intellectual Property Rights, and Economic Development: A Unified Empirical Investigation [J]. World Development, 2013,46:66-78.

[9] 李梅芳.企业技术创新投资动力学模型与演化分析[J].系统工程,2010,28

（11）:33-37.

[10] 王栋,汪波,李晓燕. 新型城镇化视角下地方政府竞争对企业创新投资的影响研究[J]. 软科学, 2016,5:35-40.

[11] 陈潭,刘兴云.锦标赛体制、晋升博弈与地方剧场政治[J]. 公共管理学报, 2012,8(2):21-33.

[12] Lyytikäinen, Teemu. Tax competition among local governments: Evidence from a property tax reform in Finland, In Journal of Public Economics. 2012,96(7-8):584-595.

[13] Di Guo , Yan Guo , Kun Jiang. Government-subsidized R&D and firm innovation: Evidence from China [J]. Research Policy, 2016,45(6):1129-1144.

[14] Christopher V. Hawkins. Landscape conservation through residential subdivision bylaws: Explanations for local adoption[J]. Landscape and Urban Planning, 2014,121:141-148.

[15] Rupayan Pal, Ajay Sharma. Endogenizing governments' objectives in tax competition[J]. Regional Science and Urban Economics,2013,43(4):570-578.

[16] Dong Wang, Hengzhou Xu, Xiaoyan Li. How to reduce local government decision-making competition in China's new urbanization process [J]. Kybernetes. 2015, 44(5):671-691.

[17] 李旭章,龙小燕. 英国医疗公共服务改革与借鉴[J]. 经济研究参考, 2013, 20:41-47.

[18] 邱栎桦,伏润民,李帆.经济增长视角下的政府债务适度规模研究——基于中国西部 D 省的县级面板数据分析[J].南开经济研究, 2015,1:13-31.

[19] 石明明,张小军,阙光辉.多种所有制经济竞争、策略外部性与政府规制机[J].经济研究, 2015,7:72-86.

[20] 郭庆旺,赵旭杰.地方政府投资竞争与经济周期波动[J].世界经济,2012,5: 03-21.

[21] 李蔚. 地方政府竞争行为对区域经济发展的外部性分析[J]. 经济研究, 2010,12: 123-126.

[22] 苗妙.地方政府支出竞争与地区投资行为——中国式财政分权框架下的实

证研究[J].经济与管理,2014,28(3):29-37.

[23] 金福子,宫学文.我国新型城市化建设中地方政府竞争研究[J].研究与探索,2013,9:148-149.

[24] 迟福林,匡贤明.地方竞争的未来方向[J].人民论坛,2010,05:28-29.

[25] Breton, Albert. Competitive Governments: An Economic Theory of Politics and Public Finance[M]. Cambridge: Cambridge University Press, 1996.

[26] Thomas Rixen. Tax Competition and Inequality: The Case for Global Tax Governance [J]. Global Governance: A Review of Multilateralism and International Organizations, 2011,17(4):447-467.

[27] 陈文静,杨廷均.地方政府竞争的一个文献综述——基于公共物品供给[J].经济研究导刊,2015,3:0270-0272.

[28] Tiebout,Charles M. A Pure Theory of Local Expenditures[J].Journal of Political Economy,1956,64:416-424.

[29] Andaç T. Arıkan1, Melissa A. Schilling. Structure and Governance in Industrial Districts: Implications for Competitive Advantage [J]. Journal of Management Studies, 2011,48(4): 772-803.

[30] Franklin Allen1, Elena Carletti, Robert Marquez. Stakeholder Governance, Competition, and Firm Value[J]. Review of Finance, 2014,21: 3225-3268.

[31] Meghana Ayyagaria1, Asli Demirgüç-Kunta, Vojislav Maksimovica. Firm Innovation in Emerging Markets: The Role of Finance, Governance, and Competition [J]. Journal of Financial and Quantitative Analysis, 2011,46(06):1545-1580.

[32] 樊纲,吕焱.经济发展阶段与国民储蓄率提高:刘易斯模型的扩展与应用[J].经济研究,2013,3:19-29.

[33] 王美今,林建浩,余壮雄.中国地方政府财政竞争行为特性识别:"兄弟竞争"与"父子争议"是否并存?[J].管理世界,2010,3:22-31.

[34] Xavier Giroud, Holger M. Mueller. Corporate Governance, Product Market Competition, and Equity Prices [J]. The Journal of Finance, 2011,66(2): 563-600.

[35] 王小龙,方金金.财政"省直管县"改革与基层政府税收竞争[J].经济研究,

2015,11:79-93.

[36] Michele Boldrin , Juan Correa Allamand , David K. Levine ,Carmine Ornaghi. Competition and Innovation [J]. Social science research network, 2011,18: 109-171.

[37] Louise M. Burkea, John A. Hawley, Stephen H. S. Wong, Asker E. Jeukendrup. Carbohydrates for training and competition [J]. Journal of Sports Sciences, 2011,29(1):18-27.

[38] Gaboury, Genevive and Franois Vaillancourt. Tax Competition and Tax Mimicking by Subnational Entities: A Summary of the Literature. Working Paper, Economics Department, University de Montral,2003.

[39] Wilson,John Doug las and David E. Wildasin. T ax Competition:Bane or Boon? Working Paper,Department of Economics ,Michigan State University, 2004.

[40] Madies, Thierry, Sonia Paty, Yvon Rocaboy. Horizontal and Vertical Externalities:An Overview of Theoretical and Empirical Studies. Urban Public Economics Review,2004:63-93.

[41] Viral V. Acharya, Marc Gabarro, Paolo F. Volpin. Competition for Managers, Corporate Governance and Incentive Compensation [J]. Social science research network, 2012,25:101-152.

[42] Epple, Dennis and Allan Zelenitz. The Implications of Competition Among Jurisdictions: Does Tiebout Need Politics?. The Journal of Political Economy,1981, 89(6):1197-1217.

[43] Zodrow G. R. and P. Mieszkowski. Pigou, Tiebout, Property Taxation, and the Underprovision of Local Public Goods. Journal of Urban Economics, 1986,19: 356-370.

[44] Yijia Jing, Bin Chen. Is Competitive Contracting Really Competitive? Exploring Government-Nonprofit Collaboration in China [J] . International Public Management Journal. 2012,15(4): 105-428.

[45] 李明,毛捷,杨志勇.纵向竞争、税权配置与中国财政收入占比变化[J].管理世界,2014,5:52-66.

[46] Flower s, M. R. Shared Tax Sources in Leviathan Model of Federalism. Public Finance Quaterly, 1988, 16:67-77.

[47] 范柏乃, 陈玉龙. 浙江省县级政府间财政支出竞争及其影响因素[J]. 经济地理, 2014, 8:40-46.

[48] Jiuh-Biing Sheu, Yenming J. Chen. Impact of government financial intervention on competition among green supply chains [J]. International Journal of Production Economics, 2012, 138(1):201-213.

[49] Besley, T . and A. Case. Incumbent Behavior: Vote Seeking, Tax Setting and Yardstick Competition . American Economic Review, 1995, 85:25-45.

[50] 周业安, 黄国宾, 何浩然, 刘曼微. 领导者真能起到榜样作用吗? ——一项基于公共品博弈实验的研究[J]. 管理世界, 2014, 10: 15-21.

[51] 樊纲. 中国经验与理论创新[J]. 经济研究, 2015, 12:14-21.

[52] 钱颖一. 新常态下的经济学创新[J]. 经济研究, 2015, 12:32-39.

[53] 王颂吉, 白永秀. 分权竞争与地方政府城市偏向: 一个分析框架[J]. 天津社会科学, 2014, 1:93-96.

[54] 周业安, 黄国宾, 何浩然, 刘曼微. 领导者真能起到榜样作用吗? ——一项基于公共品博弈实验的研究[J]. 管理世界, 2014, 10:75-90.

[55] 李永友. 转移支付与地方政府间财政竞争[J]. 中国社会科学, 2015, 10: 114-133.

[56] 张宏翔, 张宁川, 匡素帛. 政府竞争与分权通道的交互作用对环境质量的影响研究[J]. 统计研究, 2015, 6:74-80.

[57] 邵明祥. 产品市场竞争、政府控制与投资效率[J]. 中国软科学, 2015, 24 (12):0019-0023.

[58] 何梦笔. 论中国转型中的内生性政治约束——一种演化论的视角[J]. 国外理论动态, 2013, 3:50-64.

[59] 冯兴元. 县乡财政管理体制:特点、问题与改革[J]. 农业经济问题, 2010, 1: 79-89.

[60] 田伟, 田红云. 晋升博弈、地方官员行为与中国区域经济差异[J]. 南开经济研究, 2009, 1:133-152.

[61] 纪志法,周黎安,王鹏,赵鹰妍.地方官员晋升激励与银行信贷-来自中国城市商业银行的经验证据[J].金融研究,2014,1:0001-0014.

[62] 赵曦,司林杰.城市群内部"积极竞争"与"消极合作"行为分析——基于晋升博弈模型的实证研究[J].经济评论,2013,5:79-88.

[63] 付强,乔岳.政府竞争如何促进了中国经济快速增长:市场分割与经济增长关系再探讨[J].世界经济,2011,7:43-62.

[64] 傅强,朱浩.中央政府主导下的地方政府竞争机制——解释中国经济增长的制度视角[J].公共管理学报,2013,10(1):0019-0030.

[65] 罗若愚,张龙鹏.承接产业转移中我国西部地方政府竞争与经济增长绩效[J].中国行政管理,2013,7:112-117.

[66] 赵会玉.地方政府竞争与经济增长:基于市级面板数据的实证检验[J].制度经济学研究,2014,5:25-43.

[67] 林建浩.中国地方政府财政竞争的经济增长效应[J].经济管理,2011,4:0010-0015.

[68] 赵德昭,许和连.外商直接投资、适度财政分权与农村剩余劳动力转移——基于经济因素和体制变革的双重合力视角[J].金融研究,2013,5:0194-0208.

[69] 陈奕梅,孙荣贵.新农村建设中教育财政支持问题分析-以云南省会泽县为例[J].经济研究导刊,2013,33:0129-0138.

[70] 谢乔昕,宋良荣.中国式分权、经济影响力与研发投入[J].科学学研究,2015,33(12):1797-1804.

[71] 邓忠奇,陈甬军.中国城镇化进程中经济增长方式评价[J].经济理论与经济管理,2015,12:94-109.

[72] 周灵.环境规制约束下的经济增长方式转变研究——基于"新常态"视角[J].改革与战略,2015,31(10):0009-0013.

[73] 赵旭杰,郭庆旺,李明.财政分权、地方官员任职特征与通胀水平变动[J].中国软科学,2015,9:0151-0164.

[74] 王健,仇建涛,覃成林.财政分权、地方政府竞争与FDI的增长效应[J].管理世界,2015,03:14-19.

[75] 李璐.经济波动与最优城镇化水平和速度研究[J].中国人口资源与环境, 2016,26(3):145-152.

[76] 张耿.中国经济波动的福利成本与卢卡斯论断再检验[J].经济与管理研究, 2016,37(3):0003-0011.

[77] 魏后凯.中国城镇化进程中两极化倾向与规模格局重构[J].中国工业经济, 2014,3:0018-0030.

[78] Young. The Razors Edge:Distortions and Incremental Reform in the Peoples Re-public of China [J]. Quarterly Journal of Economics,2010, 115(4):36-42.

[79] Poncet, H. c. Complex nonlinear dynamics and controlling chaos in a Cournot duopoly economic model[J]. NONLINEAR ANALYSIS. REAL WORLD APPLI-CATIONS. 2011,5:4363-4377.

[80] Bai, J. K.. A Tiebout/tax-competition model[J]. Journal of Public Economics, 2014, 77(2):285-306.

[81] 李善同,李华香.城市服务行业分布格局特征及演变趋势研究[J].产业经济研究,2014,5:0001-0010.

[82] 方红生,张军.中国地方政府竞争、预算软约束与扩张偏向的财政行为[J].经济研究,2009,12:4-16.

[83] 王守义.地方国有企业间异地并购的动态博弈分析———一个财政竞争的视角[J].技术经济与管理研究,2015,9:0018-0022.

[84] 聂颖,郭艳娇,韩洁.财政分权、地方政府竞争和教育财政支出相关关系研究[J].地方财政研究,2011,11:0050-0054.

[85] 周亚虹,宗庆庆,陈曦明.财政分权体制下地市级政府教育支出的标尺竞争[J].经济研究,2013,11:127-139.

[86] 顾佳峰.县际竞争和公共教育财政资源配置_基于空间经济计量研究[J].经济地理,2012,4:58-64.

[87] 刘建民,王蓓,吴金光.财政政策影响收入分配的区域差异效应研究——基于中国29个省级面板数据的SVAR模型检验[J].中国软科学,2015,2:0110-0116.

[88] 王敏,胡汉宁.财政竞争对中国环境质量的影响机理及对策研究[J].中国人

口·资源与环境,2011,25(10):0164-0169.

[89] 赵文哲,杨其静,周业安. 不平等厌恶性、财政竞争和地方政府财政赤字膨胀关系研究[J]. 管理世界, 2010,01:63-69.

[90] Sounder, Mandaovic. R&D Project Selection Model[J]. Research Management, 1986,29(4):36-42.

[91] Kuemmerle, Olson. The principle of fiscal equivalence: The division of responsibilities among different levels of government[J]. American Economic Review, 1993,39 (2): 479-487.

[92] Bollen. The effect of governmental structure on special district expenditures[J]. Public Choice, 1999,44 (1),:339-34.

[93] Boris Hirsch, Steffen Mueller. The productivity effect of temporary agency work: Evidence from german panel[J], Economic Journal,2012(122):216-235.

[94] Caner Çolak, Selman Tokpunar, Yasin Uzun. Determinants of Sectoral Import in Manufacturing Industry: A Panel Data Analysis [J], Ege Academic Review, 2014(2):241-271.

[95] 吴江林,柏政成,周孝华. 创业企业创新与风险投资最优退出方式选择[J]. 科学学与科学技术管理. 2011,2: 58-63.

[96] 彭佑元,程燕萍,梅文文,陈红斌. 资源型产业与非资源型产业均衡发展机理——基于合作创新的演化博弈模型分析[J].经济问题,2016,2:80-85.

[97] 刘卫柏, 游达明, 李中. 企业突破性技术创新投资决策的泊松分布研究[J]. 管理学报. 2013,6: 862-867.

[98] 卢锐. 企业创新投资与高管薪酬业绩敏感性[J]. 会计研究, 2014,10: 56-74.

[99] 杨国忠.我国民间资本投资模型及其实证研究[J].经济数学,2009,26(3): 107-119.

[100] 李星北,齐二石. 考虑不同风险偏好的供应链企业创新投资决策模型[J]. 管理学报. 2014, 10:1514-1519.

[101]刘强.中国经济增长的收敛性分析[J].经济研究, 2015,1:129-135.

[102] 花贵如. 投资者情绪对企业投资行为的影响研究[D]. 天津. 南开大学博

士学位论文. 2010.

[103] 苟燕楠,董静. 风险投资背景对企业技术创新的影响研究[J]. 科研管理, 2014,35(2):008-0035.

[104] 谭英双. 模糊环境下的企业技术创新投资决策研究[D]. 重庆. 重庆大学 博士学位论文. 2010.

[105] 黄燕,吴婧婧,商晓燕. 创新激励政策、风险投资与企业创新投入[J]. 科技 管理研究. 2013,16:9-14.

[106] 周勇. 面向产业融合的企业创新投资决策研究[D]. 上海. 复旦大学博士 学位论文. 2012.

[107] 陈平路,陈波涛. 税收政策对企业投资的影响[J]. 研究与探索. 2010,1: 28-31.

[108] 唐清泉,肖海莲. 融资约束与企业创新投资-现金流敏感性——基于企业 R&D 异质性视角[J]. 南方经济, 2012,11:124-135.

[109] Robin, Nunkoo. Can prospect theory be used to predict an investor's willingness [J]. JOURNAL OF BANKING&FINANCE. 2015,37:1960-1973.

[110] Bob, Evans. Risk decision analysis in emergency response:A method based on cumulative prospect theory[J]. COMPUTERS&OPERATIONS RESEARCH . 2014,42:75-82.

[111] Hayato, K. Kato, T. A study of the process pressure influence in reactive sput-tering aiming at hysteresis elimination[J]. Surface & Coatings Technology , 2014,232: 357-361.

[112] Jonathan, Songa. Whole-body humanoid robot imitation with pose similarity e-valuation [J]. Signal Processing,2014,107: 136-146.

[113] G. A. Sergio, N. V. Kuznetsova, M. V. Yuldasheva, R. V. Yuldashev. Non-linear dynamical model of Costas loop and an approach to the analysis of its sta-bility in the large [J]. Signal Processing, 2014,108:124-135.

[114] Kalashnikov, VV、Curiel, DF、Gonzalez, J. Application of the cournot and Stackeberg Mixed Duopoly Models for Mexican Real Estate[J]. INTELLIGENT DECISION TECHNOLOGIES. 2012,15:389-396.

[115] 张俊远,王瑞芳. 土地财政与生产要素市场资源配置的扭曲——来自省际面板 VAR 的证据[J]. 社会科学家,2013,3:49-53.

[116] 唐志军,刘友金,谌莹. 地方政府竞争、投资冲动和我国宏观经济波动研究[J]. 当代财经,2011,8:08-18.

[117] 徐一民,张志宏.产品市场竞争、政府控制与投资效率[J]. 软科学, 2010, 12:19-23.

[118] 陈工,洪礼阳.财政分权对城乡收入差距的影响研究——基于省级面板数据的分析[J]. 财政研究, 2012,8:45-48.

[119] 杨万春.让农民分享土地的市场价值[J].农业经济,2010,2:24-25.

[120] 林江,孙辉,黄亮雄.财政分权、晋升激励和地方政府义务教育供给[J].地财贸经济,2011,1:0034-0040.

[121] 杨宝剑.基于政治锦标赛制的地方官员竞争行为分析[J].经济与管理研究,2011,9:0029-0034.

[122] 张宏翔,张宁川,匡素帛. 政府竞争与分权通道的交互作用对环境质量的影响研究[J]. 统计研究, 2015,6:74-80.

[123] 朱轶,熊思敏.技术进步、产业结构变动对我国就业效应的经验研究[J].数量经济技术经济研究,2009,5:107-119.

[124] 郑士源.基于核心解的运输联盟的成本分摊[J].系统工程,2013,31(8):0047-0053.

[125] 申亮.财政分权、辖区竞争与地方政府投资行为[J].财经论丛,2011,4:0028-0034.

[126] 闫文娟.财政分权、政府竞争与环境治理投资[J].财贸研究,2012,5:0091-0097.

[127] 邓玉萍,许和连. 外商直接投资、地方政府竞争与环境污染——基于财政分权视角的经验研究[J]. 中国人口.资源与环境, 2013,07:39-54.

[128] 许国艺.政府补贴和市场竞争对企业研发投资的影响[J].中南财经政法大学学报, 2014,5:59-71.

[129] 宋小宁,葛锐,苑德宇.县级行政管理费增长与财政转移支付依赖[J].中国行政管理,2015,1:0119-0125.

［130］戴子礼,张冰莹.R&D 投入对股东及债权人利益关系的影响——基于我国A 股上市公司的实证研究［J］.系统工程,2011,31(10):29-33.

［131］付文林,起永辉.税收激勒、现金流与企业投资机构偏向［J］.经济研究,2014,5:19-33.

［132］Robert J. Kauffman, Jun Liu , Dan Ma. Technology investment decision-making under uncertainty［J］. Information Technology and Management, 2015,16(2): 153-172.

［133］Esra Cuhadar , Daniel Druckman. Representative Decision-Making: Challenges to Democratic Peace Theory［J］. Handbook of International Negotiation, 2014,11:3-14.

［134］Zeng Ming, Zhang Ping, Yu Shunkun, Zhang Ge. Decision-making model of generation technology under uncertainty based on real option theory［J］. Energy Conversion and Management, 2016,110(15): 59-66.

［135］Silvano Martello. Decision Making under Uncertainty in Electricity Markets［J］. JOURNAL OF THE OPERATIONAL RESEARCH SOCIETY, 2014,67(4):66-174.

［136］Jennifer S. Lerner, Ye Li, Piercarlo Valdesolo, Karim S. Kassam. Emotion and Decision Making［J］. Annual Review of Psychology, 2015,66:799-823.

［137］J. G. Pereira Jr. , P. Ya. Ekel, R. M. Palharesd, R. O. Parreiras. On multicriteria decision making under conditions of uncertainty［J］. Information Sciences, 2015,324(10): 44-59.

［138］Helen Pushkarskaya, et. al. Decision-making under uncertainty in obsessive-compulsive disorder［J］. Journal of Psychiatric Research, 2015,69:166-173.

［139］Hongxiang Tang. A novel fuzzy soft set approach in decision making based on grey relational analysis and Dempster-Shafer theory of evidence［J］. Applied Soft Computing, 2015,31:317-325.

［140］Jeffrey D. Shulman, Marcus Cunha Jr. , Julian K. Saint Clair. Consumer Uncertainty and Purchase Decision Reversals: Theory and Evidence［J］. Marketing Science, 2015,26: 590-605.

[141] Jai Y. Yu, Loren M. Frank. Hippocampal−cortical interaction in decision making [J]. Neurobiology of Learning and Memory, 2015,117:34−41.

[142] Baoding Liu, Kai Yao. Uncertain multilevel programming: Algorithm and applications [J]. Computers & Industrial Engineering, 2015,89:235−240.

[143] Jorge Peñarrubia. A probability theory for non−equilibrium gravitational systems [J]. Science & Mathematics, 2015,451(4):3537−3550.

[144] Emilie Marcus. Credibility and Reproducibility [J]. Structure, 2015,23(1): 1−2.

[145] Al Burlingame, Steven A. Carr, Ralph A. Bradshaw and Robert J. Chalkley. On Credibility, Clarity, and Compliance [J]. Molecular & cellular proteomics, 2016,15(4):1731−1733.

[146] Libor Běhounek , Zuzana Haniková. Set Theory and Arithmetic in Fuzzy Logic [J]. Petr Hájek on Mathematical Fuzzy Logic, 2014,6:63−89.

[147] Ignacio Montes , Enrique Miranda, Susana Montes. Stochastic Orders for Fuzzy Random Variables [J]. Strengthening Links Between Data Analysis and Soft Computing, 2015,315:21−28.

[148] Murat Diker. A category approach to relation preserving functions in rough set theory [J]. International Journal of Approximate Reasoning, 2015, 56(A): 71−86.

[149] Luigi Leonardo Palese. Random Matrix Theory in molecular dynamics analysis [J]. Biophysical Chemistry, 2015,196:1−9.

[150] Suman Kundu, Sankar K. Pal. Fuzzy−rough community in social networks [J]. Pattern Recognition Letters, 2015,67(2):145−152.

[151] Chengyuan Chen, et. al. Rough−fuzzy rule interpolation [J]. Information Sciences, 2016,351(10):1−17.

[152] Bassam Mourad, Hassan Abbas. On the symmetric doubly stochastic matrices that are determined by their spectra and their connection with spectral graph theory [J]. Linear and Multilinear Algebra, 2015,63(5): 869−881.

[153] Richard J. Gardner, Daniel Hug, Wolfgang Weil, Deping Ye. The dual Orlicz-

Brunn-Minkowski theory [J]. Journal of Mathematical Analysis and Applications, 2015,430(2):810-829.

[154] Siegfried Gottwald. The Logic of Fuzzy Set Theory: A Historical Approach [J]. Petr Hájek on Mathematical Fuzzy Logic, 2014,6:41-61.

[155] Kang-Sin Choi, Jeong-Hyuck Park. Standard Model as a Double Field Theory [J]. PHYSICAL REVIEW LETTERS, 2015,115: 17-23.

[156] Wentao Li, Weihua Xu. Double-quantitative decision-theoretic rough set [J]. Information Sciences, 2015,316(20):54-67.

[157] Michele Lombardi, Michela Milano, Andrea Bartolini. Empirical decision model learning [J]. Artificial Intelligence, 2016,13:1-25.

[158] Rick Evertsz, John Thangarajah, Nitin Yadav, Thanh Chi Ly. Agent Oriented Modelling of Tactical Decision Making [J]. ACM DL digital library, 2015,15: 1051-1060.

[159] Jian-qiang Wang , Juan-juan Peng, Hong-yu Zhang, Tao Liu, Xiao-hong Chen. An Uncertain Linguistic Multi-criteria Group Decision-Making Method Based on a Cloud Model [J]. Group Decision and Negotiation, 2015,24(1): 171-192.

[160] Herbert Kimura , Leonardo Fernando Cruz Basso, Eduardo Kazuo Kayo. Decision Models in Credit Risk Management [J]. Decision Models in Engineering and Management, 2015,3:57-73.

[161] Junyi Chai, Eric W. T. Ngai. Decision model for complex group argumentation [J]. Expert Systems with Applications, 2016,45(1): 223-233.

[162] Imran Noorani, R. H. S. Carpenter. The LATER model of reaction time and decision[J]. Neuroscience & Biobehavioral Reviews, 2016,64:229-251.

[163] Ho Mun Chan , M. W. Tse Doris, Kam Hung Wong, Julian Chuk-Ling Lai, Chun Kit Chui. End-of-Life Decision Making in Hong Kong: The Appeal of the Shared Decision Making Model [J]. Family-Oriented Informed Consent, 2015,121,149-167.

[164] Liang Wang 8 136Z435Xin Zhang 8136 AY35g-Ming Wang. A prospect theory-

based interval dynamic reference point method for emergency decision making [J]. Expert Systems with Applications,2015,42(23):9379-9388.

[165] Michel Canis, M. D. , Ph. D. , Nicolas Bourdel, M. D. , Céline Houlle, M. D. , Anne Sophie Gremeau, M. D. , Revaz Botchorishvili, M. D. , Sachiko Matsuzaki, M. D. Endometriosis may not be a chronic disease: an alternative theory offering more optimistic prospects for our patients [J]. Fertility and Sterility, 2016,105(1):32-34.

[166] Marc Prieto, Barbara Caemmerer, George Baltas. Using a hedonic price model to test prospect theory assertions: The asymmetrical and nonlinear effect of reliability on used car prices [J]. Journal of Retailing and Consumer Services, 2015,22:206-212.

[167] Marcia R Franco, et. al. . Review Older people's perspectives on participation in physical activity: a systematic review and thematic synthesis of qualitative literature [J]. Journal of ISAKOS, 2015,49(19):1221-1222.

[168] Sebastian Ebert, Philipp Strack. Until the Bitter End: On Prospect Theory in a Dynamic Context [J]. AMERICAN ECONOMIC REVIEW, 2015, 105(4): 1618-1651.

[169] Heathcote, J. . Political failures and intergovernmental competition[J]. Economics Research International, 2015,12: 1-7.

[170] Deshani B. Ganegoda, Robert Folger. Framing effects in justice perceptions: Prospect theory and counterfactuals [J]. Organizational Behavior and Human Decision Processes, 2015,126:27-36.

[171] Fanyong Menga, Chunqiao Tana, Xiaohong Chen. An approach to Atanassov's interval-valued intuitionistic fuzzy multi-attribute decision making based on prospect theory [J]. International Journal of Computational Intelligence Systems, 2015,8(3):591-605.

[172] Yudi Zhou, Rong Fu. Analysis of Hot-Topics and Prospect for Study on Theory of Financial Management in China [J]. Proceedings of the 21st International Conference on Industrial Engineering and Engineering Management 2014,

2014, 22:659-663.

[173] Jason D. Reese, Gregg Bennett. Required Donations: An Empirical Test of Prospect Theory & Framing of Per-seat Contributions in Intercollegiate Athletics [J]. 2015,24:43-62.

[174] E. Paddock , et. al. Voice and Culture: A Prospect Theory Approach [J]. Journal of Behavioral Decision Making,2015,28(2):167-175.

[175] 王笑言,王节祥,蔡宁.联盟组合的形成机理研究——前景理论视角[J].科学学研究,2016,34(3):0395-0403.

[176] Liu, Y、Fan, ZP、Zhang, Y. Risk decision analysis in emergency response: A method based on cumulative prospect theory[J]. COMPUTERS&OPERATIONS RESEARCH . 2012,42:75-82.

[177] Erner, C、Klos and A、Langer, T, Can prospect theory be used to predict an investor's willingness[J]. JOURNAL OF BANKING&FINANCE. 2013,37:1960 -1973.

[178] Jou, F. Z. and Chen, X. W. Research on local government competition in the new urbanization in China [J]. Economic Vision, 2013,229(9): 148-175.

[179] Elhumnusrat and Koichi Yamada. A DESCRIPTIVE DECISION - MAKING MODEL UNDER UNCERTAINTY:COMBINATION OF DEMPSTER-SHAFER THEORY AND PROSPECT THEORY [J]. World Scientific. 2012, 21: 79-102.

[180] Bin Miao, Songfa Zhong. Risk Preferences Are Not Time Preferences: Separating Risk and Time Preference: Comment[J]. American Economic Review, 2015,105(7):2272-2286.

[181] Stephen L. Cheung. Risk Preferences Are Not Time Preferences: On the Elicitation of Time Preference under Conditions of Risk: Comment[J]. American Economic Review,2015,105(7):2242-2260.

[182] Thomas Epper, Helga Fehr-Duda. Risk Preferences Are Not Time Preferences: Balancing on a Budget Line: Comment[J]. American Economic Review,2015, 105(7):2261-2271.

［183］James Andreoni, Charles Sprenger. Risk Preferences Are Not Time Preferences：Reply［J］. American Economic Review,2015,105(7):2287-2293.

［184］连洪泉,周业安,陈叶烽,叶航.信息公开、群体选择和公共品自愿供给［J］.世界经济,2015,12:159-188.

［185］Maria Teres, Balaguer-Colla, María Isabel Brun-Martosa, Anabel Forte, Emili Tortosa-Ausina. Local governments' re-election and its determinants：New evidence based on a Bayesian approach［J］. European Journal of Political Economy, 2015,39:94-108.

［186］杜宾宾,白雪.论纠正城市化偏态发展的新型城市化变革［J］.经济体制改革, 2014,2:5-9.

［187］湛泳,李珊.金融发展、科技创新与智慧城市建设——基于信息化发展视角的分析［J］.财经研究,2016,42(2):0004-0015.

［188］陈多长,游亚.地方政府土地财政行为对城镇化模式选择的影响［J］.经济体制改革,2016,1:0020-0027.

［189］Jean Hindriksa , Yukihiro Nishimura. A note on equilibrium leadership in tax competition models［J］. Journal of Public Economic,2015,121:66-68.

［190］David R. Agrawal. The Tax Gradient：Spatial Aspects of Fiscal Competition ［J］, American Economic Journal,2015,7(2):1-29.

［191］Robert Philipowski. Comparison of Nash and evolutionary stable equilibrium in asymmetric tax competition ［J］. Regional Science and Urban Economics , 2015,51:7-13.

［192］周小川.宏观调控的经济描述与工程描述-在首届"金融街论坛"上的讲话［J］.金融研究,2013,1:0001-0008.

［193］厉以宁.依法治国和深化经济改革［J］.经济研究,2015,1:8-10.

［194］M. Lynne Markus , Dax D. Jacobson. The Governance of Business Processes ［J］. Handbook on Business Process Management 2,2015,10:311-332.

［195］Fuxiu Jiang, Kenneth A. Kim. Corporate governance in China：A modern perspective［J］. Journal of Corporate Finance,2015,32: 190-216

［196］皮建才,殷军,周愚.新形势下中国地方官员的治理效应研究［J］.经济研

究,2014,10:89-101.

[197] 柯善咨,赵曜.产业结构、城市规模与中国城市生产率[J].经济研究,2014,4:76-115.

[198] 蒋冠宏,蒋殿春.中国企业对外直接投资的"出口效应"[J].经济研究,2014,5:160-173.

[199] 李善民,李昶.跨国并购还是绿地投资?——FDI进入模式选择的影响因素研[J].经济研究,2013,12:134-147.

[200] 鲁钊阳,廖杉杉.FDI技术溢出与区域创新能力差异的双门槛效应[J].数量经济技术经济研究,2012,5:75-88.

[201] 朱平芳,张征宇,姜国麟.FDI与环境规制:基于地方分权视角的实证研究[J].经济研究,2011,6:133-145.

[202] 刘骞文,闫笑.地方政府"土地引资"背景下的FDI挤入挤出效应研究[J].财经研究,2016,42(1):0017-0029.

[203] Wenbao Zhang, et. al.. Epidemiology and control of echinococcosis in central Asia, with particular reference to the People's Republic of China[J]. Acta Tropica,2015,141:235-243.

[204] P. B. Durst, Y. Hanboonsong. Small-scale production of edible insects for enhanced food security and rural livelihoods: experience from Thailand and Lao People's Democratic Republic[J]. Journal of Insects as Food and Feed,2015,1(1):25-31.

[205] Marcina, Thierry, Sonia Paty, Yvon Rocaboy. Horizontal and Vertical Externalities: An Overview of Theoretical and Empirical Studies[J]. Urban Public Economics Review,2015,26:63-93.

[206] 杨子帆,王栋.人口流动、不完全城市化与城乡收入差距[J].统计与信息论坛,2015,30(9):0055-0059.

[207] Wu Quna, Li Yongleb, Yan Siqi. The incentives of China's urban land finance[J]. Land Use Policy,2015,42:432-442.

[208] Wenjie Zhang, Shuming Bao. Created unequal: China's regional pay inequality and its relationship with mega-trend urbanization [J]. Applied Geography,

2015,61:81-93.

[209] Andrew J. Nathan. China's Challenge[J]. Journal of Democracy, 2015, 26 (1):156-170.

[210] Zongguo Wen, Chenkai Zhang, Xiaoli Ji andYanyan Xue. Urban Mining's Potential to Relieve China's Coming Resource Crisis[J]. Journal of Industrial Ecology,2015,19(6):1091-1102.

[211] Fenglong Wang, Yungang Liu. How unique is 'China Model': A review of theoretical perspectives on China's urbanization in Anglophone literature[J]. Chinese Geographical Science,2015,25(1):98-112.

[212] Tao Liu, Yuanjing Qi, Guangzhong Cao, Hui Liu. Spatial patterns, driving forces, and urbanization effects of China's internal migration: County-level analysis based on the 2000 and 2010 censuses[J]. Journal of Geographical Science,2015,25(2):236-256.

[213] Pothen, Frank, Fink, Kilian. A political economy of China's export restrictions on rare earth elements[J]. ZEW Discussion Papers, 2015, 12:15-25.

[214] 程宇丹,龚六堂.财政分权下的政府债务与经济增长[J].世界经济,2015, 11:3-28.

[215] 程开明.中国城市化与经济增长的协调度研究[J].商业经济与管理,2010, 9:0085-0091.

[216] 王永钦,包特.异质交易者、房地产泡沫与房地产政策[J].世界经济,2011, 11:84-102.

[217] Robin Greenwood, Samuel G. Hanson, Jeremy C. Stein. A Comparative-Advantage Approach to Government Debt Maturity[J]. Full publication history, 2015,70(4):1683-1722.

[218] 崔志坤,李菁菁.财政分权、政府竞争与产业结构升级[J].财政研究,2015, 12:37-43.

[219] Jonathan Brogaard. The Asset-Pricing Implications of Government Economic Policy Uncertainty[J]. Management Science, 2015,61(1):3-18.

[220] Vikrant Vaze , Cynthia Barnhart. The Price of Airline Frequency Competition

[J]. Game Theoretic Analysis of Congestion, Safety and Security, 2015, 1: 173-217.

[221] Jess Cornaggia, Yifei Mao, Xuan Tianb, Brian Wolfe. Does banking competition affect innovation? [J]. Journal of Financial Economics, 2015, 115 (1): 189-209.

[222] Vanessa, T. and A. Case. Incumbent Behavior: Vote Seeking, Tax Setting and Yardstick Competition [J]. American Economic Review, 2015, 85: 25-45.

[223] Jie Cai et. al. Information Asymmetry and Corporate Governance [J]. Quarterly Journal of Finance, 2015, 05: 1-32.

[224] Kevin, Honglin Zhang. What Drives Export Competitiveness? The Role of Fdi in Chinese Manufacturing [J]. Contemporary Economic Policy, 2015, 33 (3): 499-512.

[225] Junghyun Yoon, Hee Yong Lee, John Dinwoodie. Competitiveness of container terminal operating companies in South Korea and the industry-university-government network [J]. Transportation Research Part A: Policy and Practice, 2015, 80: 1-14.

[226] Walther, Ben. Main content area BYLAW GOVERNANCE [J]. Fordham Journal of Corporate & Financial Law, 2015, 20. (2): 399-459.

[227] Sergio G. Lazzarini. Strategizing by the government: Can industrial policy create firm-level competitive advantage? [J]. Strategic Management Journal, 2015, 36 (1): 97-112.

[228] Giorgio d'Agostino, J. Paul Dunne, Luca Pieroni. Government Spending, Corruption and Economic Growth [J]. World Development, 2016, 7: 1-16.

[229] Tian Wei, Jeremy Clegg, Lei Ma. The conscious and unconscious facilitating role of the Chinese government in shaping the internationalization of Chinese MNCs [J]. International Business Review, 2015, 24 (2): 331-343.

[230] Amelie N. Dreissa, Charlene A. Rupplia, Christof Fallerb, Alexandre Roulin. Social rules govern vocal competition in the barn owl [J]. Animal Behaviour, 2015, 102: 95-107.

[231] Ying Liang , Runxia Cao. Employment assistance policies of Chinese govern-ment play positive roles! The impact of post-earthquake employment assistance policies on the health-related quality of life of Chinese earthquake populations [J]. Social Indicators Research,2015,120(3):835-857.

[232] Hayato, Kato. The importance of government commitment in attracting firms: A dynamic analysis of tax competition in an agglomeration economy[J]. European Economic Review,2015,74:57-78.

[233] Xin Zhao, Bowen Sun. The influence of Chinese environmental regulation on corporation innovation and competitiveness[J]. Journal of Cleaner Production. 2016,112(2):1528-1536.

[234] Xiaoli Zhao , Yue Zhao, Saixing Zengd, Sufang Zhang. Corporate behavior and competitiveness: impact of environmental regulation on Chinese firms[J]. Jour-nal of Cleaner Production. 2015,86(1):311-322.

[235] Zhuanglin Hu. The Standardization of Chinese Characters[J]. Chinese Semiotic Studies, 2015,11(2):123-133.

[236] Sean Farhang, Miranda Yaver. Divided Government and the Fragmentation of American Law [J]. American Journal of Political Science, 2016, 60 (2): 401-417.

[237] 崔静静,程郁. 基于创新价值链视角的企业创新绩效评估[J]. 软科学, 2015,25(11):0001-05.

[238] 潘孝珍,庞凤喜. 中国地方政府间的企业所得税竞争研究——基于面板数据空间滞后模型的实证分析[J]. 经济理论与经济管理,2015,5:88-97.

[239] 章卫东,赵琪. 地方政府干预下国有企业过度投资问题研究——基于地方政府公共治理目标视角[J]. 中国软科学,2014,6:0182-0192.

[240] 石桂峰. 地方政府干预与企业投资的同伴效应[J]. 财经研究,2015,41 (12):0084-0095.

[241] Gary D. Hansen, Selahattini mrohoroglu. Fiscal reform and government debt in Japan: A neoclassical perspective[J]. Review of Economic Dynamics, 2015, 04: 1-24.

[242] Xin Jin, Guangyong Lei, Junli Yu. Government governance, executive networks and enterprise R&D Expenditure [J]. China Journal of Accounting Research, 2016,9(1):59-81.

[243] Mine Elizabeth, Çolak, Selman Tokpunar, Yasin Uzyb. Determinants of Sectoral Import in Manufacturing Industry: A Panel Data Analysis [J], Ege Academic Review,2014,2:241-271

[244] Robert Baldocka, Colin Masonb. Establishing a new UK finance escalator for innovative SMEs: the roles of the Enterprise Capital Funds and Angel Co-Investment Fund[J]. Venture Capital: An International Journal of Entrepreneurial Finance,2015,17:1-2.

[245] Lie-xiang Hu, et. al. Research on Investment Capacity Model for Power Grid Enterprises[J]. Proceedings of the 21st International Conference on Industrial Engineering and Engineering Management 2014, 2015,7:610-617.

[246] 王凤荣,苗妙.税收竞争、区域环境与资本跨区流动——基于企业异地并购视角的实证研究[J].经济研究,2015,2:16-30.

[247] Cedja Hirsch, Steffen Mueller, THE PRODUCTIVITY EFFECT OF TEMPORARY AGENCY WORK: EVIDENCE FROM GERMAN PANEL DATA [J], Economic Journal,2014,122:216-235

[248] Xuemei Jiang, Kunfu Zhu, Christopher Green. China's energy saving potential from the perspective of energy efficiency advantages of foreign-invested enterprises[J]. Energy Economics,2015,49:102-115.

[249] Min Yang. Evaluating Collaborative Innovation Ability of School-Enterprise Cooperation[J]. Scientific Research, 2015,3(1):75-82.

[250] Aurelien Buffata. Street-Level Bureaucracy and E-Government [J]. Public Management Review,2015,17(1):149-161.

[251] Anessa Valero. Government Opportunism in Public-Private Partnerships[J]. Journal of Public Economic Theory,2015,17(1): 111-135.

[252] Enriqueta Aragonès, Micael Castanheira, Marco Giani. Electoral Competition through Issue Selection [J]. American Journal of Political Science, 2015, 59

（1）:71-90.

[253] Li-qun Ma, Yu-xiao L. Analysis of Financing Pledged Accounts Receivable in Supply Chain by Duplex Stackelberg Game Models [J]. Proceedings of the 5th International Asia Conference on Industrial Engineering and Management Innovation, 2015,1:111-114.

[254] 李明,毛捷,杨志勇.纵向竞争、税权配置与中国财政收入占比变化[J]世界经济,2014,4:88-110.

[255] 刘传江,胡威.外商直接投资提升了中国的碳生产率吗?——基于空间面板 Durbin 模型的经验分析[J].世界经济研究,2016,1:99-109.

[256] 邹瑾,于焘华,王大波.人口老龄化与房价的区域差异研究——基于面板协整模型的实证分析[J].金融研究,2015,11:64-79.

[257] 王娟,李锐,王春枝.基于 Halton 序列的面板数据 Biprobit 模型估计及应用[J].数学的实践与认识,2015,45(24):87-95.

[258] 王亮,吴浜源.我国电子货币的通货膨胀效应——基于 2003-2011 年季度数据的实证分析[J].财经科学,2013,4:1-10.

[259] 李胜兰,初善冰,申晨.地方政府竞争、环境规制与区域生态效率[J].管理世界,2014,5:52-66.

[260] 黄燕,吴婧婧,商晓燕.创新激励政策、风险投资与企业创新投入[J].科技管理研究.2013,16:9-14.

[261] Jonathan J. Fleming. The Decline Of Venture Capital Investment In Early-Stage Life Sciences Poses A Challenge To Continued Innovation [J]. Health Affairs,2015,34(2):271-276.

[262] Becker, Lasse, Bizer, Kilian. Federalism and innovation support for small and medium-sized enterprises: Empirical evidence in Europe[J]. EconStor,2015, 2:21-36.

[263] Francisci J., Forcadel L. Assessing the Effect of Public Subsidies on Firm R&D Investment: A Survey [J]. Journal of Economic Surveys, 2012 (8): 89-95

[264] Carboni ,Oliviero,R&D subsidies and private R&D expenditures: evidence from Italian manufacturing data [J]. International Review of Applied Economics.

2011, 25（4）：419-439.

[265] 刘孝萍,杨桂元.基于组合预测模型的我国能源需求预测分析[J].财经理论研究,2013,2:0026-0031.

[266] Linas Gudonavičius, Vladislava Bartosevičiene, Gintaras Šaparnis. Imperatives for Enterprise Strategists [J]. Engineering economics, 2009,61(1):75-82.

[267] 韩本三,黎伟,唐晓彬.带异质线性趋势的动态二元选择面板模型估计[J].统计研究,2015,32(1):0102-0109.

[268] 陈业华,陈倩倩.基于二元面板数据模型的技术集成 AMT 选择[J].系统工程理论与实践, 2012,5:1075-1082.

[269] 王春枝,赵国杰.基于非径向 SE-C²R 模型与谱系聚类的中国区域创新效率分析[J].中国软科学,2015,11:0068-0080.

[270] 随洪光.外商直接投资与中国经济增长质量提升——基于省际动态面板模型的经验分析[J].世界经济研究,2013,7:36-48.

[271] 吴鸿华,穆勇,屈忠锋,邓丽霞.基于面板数据的接近性和相似性关联度模型[J].控制与决策,2016,31(3):0555-0559.

[272] 郭鹏辉,钱争鸣,刘立虎.初始值外生给定下动态空间面板数据模型的拟极大似然估计[J].数理统计与管理,2015,34(1):0038-0046.

[273] Nida Abdioglu, Arif Khursheda, Konstantinos Stathopoulos. Firm innovation and institutional investment: the role of the Sarbanes-Oxley Act [J]. The European Journal of Finance, 2015,21(1):71-92.

[274] Yanliu Lin, Xiaoling Zhanga, Stan Geertman. Toward smart governance and social sustainability for Chinese migrant communities [J]. Journal of Cleaner Production,2015,107(16):389-399.

[275] Hwa-Sung Kim. Performance-based bonuses for investment and abandonment decision [J]. Finance Research Letters,2016,4:1-19.

[276] 李俊青,韩其恒.不完全金融市场、海外资产结构与国际贸易[J].经济研究,2011,2:31-43.

[277] 欧阳葵,王国成.社会福利函数与收入不平等的度量——一个罗尔斯主义视角[J].经济研究,2014,2:87-100.

[278] Luca Talarico, Genserik Reniers. Risk-informed decision making of safety investments by using the disproportion factor [J]. Process Safety and Environmental Protection, 2016, 100:117-130.

[279] 李岱.企业技术创新战略投资最优时机的实物期权分析[J]. 系统工程, 2014,32(1):0082-0086.

[280] David Lewis, Tripat Gill. Is there a mere categorization effect in investment decisions? [J]. International Journal of Research in Marketing, 2016,33(1): 232-235.

[281] 王楠, 李艳华. 企业技术创新项目的政府资助时机选择研究[J]. 科学学与科学技术管理, 2011,01:36-47.

[282] 黄生权,胡姣,刘小静. 基于 C-OWG 算子的工业设计投入产出效率研究——针对顺德制造企业的实证分析 [J]. 科技管理研究, 2015,8: 0163-0168.

[283] 叶飞,令狐大智.双寡头竞争环境下的碳配额分配策略研究[J]. 系统工程理论与实践,2015,3(12)5:3038-3047.

[284] 王国红,王擎.中国银行业市场力与稳定性关系研究——基于 Boone 指数的方法[J]. 经济评论,2016,1:117-131.

[285] Xuemei Jiang, Dabo Guan, Jin Zhang, Kunfu Zhu, Christopher Green. Firm ownership, China's export related emissions, and the responsibility issue [J]. Energy Economics, 2015,51:466-474.

[286] Mine Karatas-Ozkan, Elizabeth Chell. Gender Inequalities in Academic Innovation and Enterprise: A Bourdieuian Analysis [J]. British Journal of Management, 2015,26(1):109-125.

[287] Moataz Moamen Elmassri, Elaine Pamela Harrisa, David Bernard Carter. Accounting for strategic investment decision-making under extreme uncertainty [J]. The British Accounting Review,2015,19: 1-18.

[288] F. Cecelja. et. al. e-Symbiosis: technology-enabled support for Industrial Symbiosis targeting Small and Medium Enterprises and innovation[J]. Journal of Cleaner Production, 2015,98(01):336-352.

[289] Jie Wei, Kannan Govindan, Yongjian Li, Jing Zhao. Pricing and collecting decisions in a closed-loop supply chain with symmetric and asymmetric information [J]. Computers & Operations Research,2015,54:257-265.

[290] Ugo Albertazzi, Ginette Eramo, Leonardo Gambacorta, Carmelo Salleo. Asymmetric information in securitization: An empirical assessment [J]. Journal of Monetary Economics, 2015,71:33-49.

[291] Ali Ghasemi, Reza Kazemi, Shahram Azadi. Stability analysis of bidirectional adaptive cruise control with asymmetric information flow [J]. Engineering, Mechanical,2015,229:216-226.

[292] Demirag J. Pricing decisions for a closed-loop supply chain in a fuzzy environment [J]. Asia-Pac J Oper Res 2011;29(1):1-30.

[293] Yu Peng , Qian Lu. Complex dynamics analysis for a duopoly Stackelberg game model with bounded rationality [J]. Applied Mathematics and Computation, 2015,271(15):259-268.

[294] Kar, Mählmann, T. Is there a relationship benefit in credit ratings? [J]. Rev. Finance 2015,15: 475-510.

[295] Yiju Wang , Xuefang Sun , Fanxiu Meng. On the conditional and partial trade credit policy with capital constraints: A Stackelberg model [J]. Applied Mathematical Modelling, 2016,40(1):1-18.

[296] Li-qun Ma, Yu-xiao L. Analysis of Financing Pledged Accounts Receivable in Supply Chain by Duplex Stackelberg Game Models [J]. Proceedings of the 5th International Asia Conference on Industrial Engineering and Management Innovation, 2015,1:111-114.

[297] 傅强,马青.地方政府竞争与环境规制:基于区域开放的异质性研究[J].经中国人口资源与环境,2016,26(3):0069-0075.

[298] 鞠海龙.企业并购风险问题分析与控制[J].经济研究导刊,2015,27:65-66.

[299] Saba N. Siddiki, Julia L. Carboni, Chris Koski, Abdul-Akeem Sadiq. How Policy Rules Shape the Structure and Performance of Collaborative Governance

Arrangements [J]. Public Administration Review,2015,75(4): 536-547.

[300] Chen-Shan Chang , Shang-Wu Yu, Cheng-Huang Hung. Firm risk and performance: the role of corporate governance [J]. Review of Managerial Science, 2015,9(1): 141-173.

[301] Ilya Somin. TRANSCRIPT: DEMOCRACY, FOOT VOTING, AND THE CASE FOR LIMITING FEDERAL POWER [J]. Montana Law Review, 2015,76:32-49.

[302] Nichola J. Raihani1 , Redouan Bshary. The reputation of punishers [J]. Trends in Ecology & Evolution, February,2015,30(2): 98-103.

[303] Sebastian Garmann. Elected or appointed? How the nomination scheme of the city manager influences the effects of government fragmentation [J]. Journal of Urban Economics, 2015,86:26-42.

[304] Austin Troy, Ashley Nunery , J. Morgan Grove. The relationship between residential yard management and neighborhood crime: An analysis from Baltimore City and County [J]. Landscape and Urban Planning,2016,147:78-87.

[305] Francesca Ricciardi, Stefano Za. Smart City Research as an Interdisciplinary Crossroads: A Challenge for Management and Organization Studies [J]. From Information to Smart Society, 2014,10:163-171.

[306] S. Delikaraoglou , J. M. Morales ; P. Pinson. Impact of Inter- and Intra-Regional Coordination in Markets With a Large Renewable Component [J]. IEEE Transactions on Power Systems, 2016,99:1-10.

[307] 李廉水,杨浩昌,刘军.我国区域制造业综合发展能力评价研究——基于东、中、西部制造业的实证分析[J].中国软科学,2014,2:121-129.

[308] 高培勇.论完善税收制度的新阶段[J].经济研究,2015,2:4-15.

[309] 张同斌,高铁梅.财税政策激励、高新技术产业发展与产业结构调整[J].经济研究, 2015,05:58-70.

[310] 张国钧.促进自主创新的税收优惠政策研究[J].税务研究,2015,12: 8-13.

[311] 范玉莲,王广富.收益流不连续时项目最佳投资时机分析[J].系统工程学

报,2007,22(6):0573-0576.

[312] 任静.中部地区承接产业转移的现状、问题和对策[J].武汉理工大学学报
    (社会科学版),2010,23(3):323-327.

[313] 史敬涛.相关随机干扰下不连续股价的最优消费投资决策[J].系统工程学
    报,2014,29(2):0182-0191.

发表论文和参加科研情况说明

1. 发表论文

1. Dong Wang, Hengzhou Xu, Xiaoyan Li. How to reduce local government decision-making competition in China's new urbanization process [J]. Kybernetes. 2015, 44(5): 671-691. （SCI 和 SSCI 双检索）

2. Dong Wang, Xiaoyan Li, Hongchun Yin. Policy Efficiency measures of Chinese biogas project using an additive two——stage DEA[J]. Energy Policy. （终审）

3. 王栋, 汪波, 李晓燕. 新型城镇化视角下地方政府竞争对企业创新投资的影响研究[J]. 软科学, 2016(05):35-40.

4. 王栋, 汪波, 李晓燕. 创业社会网络对再创业绩效的作用路径研究——基于对资源整合和创业动态能力的中介效用分析[J]. 科技进步与对策, 2016. （已录用）

5. 吴绍玉, 王栋, 汪波, 李晓燕. 不同创业类型和创业领域下创业社会网络对再创业绩效的作用路径研究[J]. 科学学研究. 2016. （已录用）

6. 吴绍玉, 王栋, 汪波, 李晓燕. 双重网络嵌入对海归创业企业的影响研究——基于中小型科技企业成长的生命周期视角[J]. 科学学与科学技术管理. 2016. （已录用）

7. 王栋, 汪波, 李晓燕. 新型城镇化的不同阶段与碳排放动态关系研究[J]. 中国人口、资源与环境, 2016. （已录用）

8. 杨子帆, 王栋. 人口流动、不完全城市化与城乡收入差距[J]. 统计与信息论坛. 2015, 30(9):55-59.

9. 李晓燕, 王栋. 基于超效率 DEA 的中国居民消费的就业效应的效率分析[J]. 商业经济研究. 2016 (4):36-38.

2. 参加项目情况说明

1. 2013 年参与"大都市周边区域现代生态农业可持续发展模式研究"项目,已结项;

2. 2013 年参与"中国重点产业科技竞争力与发展潜力研究"项目;

3. 2013 年参与"保密文化研究"项目,已结项;

4. 2013 年参与"山东重工集团管控"项目,未结项;

5. 2014 年参与"江苏新型城镇化中农民市民化住房问题研究"项目,已结项;

6. 2014 年参与"基于风险防范理论和 QHSE-ISO 体系的滨海新区安全生产监督管理体系构建"项目,已结项;

7. 2014 年参与"天津市科技领军人才和创新团队引进及后续跟踪服务工作的研究"项目,已结项;

8. 2015 年参与国家自然科学基金"和谐理性的公共文化服务设施项目评价及补偿研究",项目编号:71272148。

致 谢

东风袅袅泛崇光，香雾空蒙月转廊。寂静的夜晚走在北洋园的路上，海棠的幽香沁人心脾。回望十年的学子生涯，近乎而立之年的我，不知此时是喜是忧。三年的博士时光已燃尽，回首往事，多少失败的忧伤、成功的喜悦、友情的温暖历历在目。

在博士论文完成之际，感谢导师汪波教授，老师严谨的治学态度、兢兢业业的工作作风、大胆创新的进取精神和儒雅的做人气质对我产生了深远的影响；感谢导师陈通教授，从论文主题的选取到最终的完成，老师给予了细心的指导和不懈的支持，在同老师的交流学习中，我的科研和创新能力得到了很大的提升。感谢运怀立教授和殷红春教授，让我不再沉浸于"象牙塔"式的科研当中，让我懂得如何与现实相结合，更好地将科学技术转化成生产力；感谢许恒周教授，在科研当中给予我专业的学术帮助，每当我无助的时候，许老师总能给予我以启迪，指引我从迷惘中走出来。感谢读博士期间一同走过的朋友，人生得此知己足矣，斯世，当同怀视之。

感谢我的父母，在十年的寒窗苦读中，伟岸的父亲和慈爱的母亲总能鼓励我、支持我，让我更加坚定地追逐自己的梦想。衷心感谢我的爱人，在我最失意、无助的时候，你劝我要耐心等候，并且陪我度过生命中最长的寒冬，如此的宽容；当我自满骄傲之时，你要我安静从容，常怀谦虚之心戒骄戒躁。

人生路还很漫长，需要继续发扬读博士期间锲而不舍的坚毅精神，继续发扬读博士期间缜密的逻辑思维能力，在以后的工作道路上不断地前行。最后，引唐代诗人王勃的一段话，献给在以后的路上继续追逐梦想的自己：

"所赖君子见机，达人知命。老当益壮，宁移白首之心？穷且益坚，不坠青云之志。酌贪泉而觉爽，处涸辙以犹欢。北海虽赊，扶摇可接；东隅已逝，桑榆非晚。孟尝高洁，空余报国之情；阮籍猖狂，岂效穷途之哭！"

二〇一六年四月，于北洋园

王　栋